光村教科書の深読み授業が実現!

# 国語"説明文教材"の新読解ワークシート26

―コピーしてすぐ使える!全学年・全単元収録!―

保坂雅幸 著

●刊行に寄せて

# 学習指導要領のねらいをスマートに達成できる一冊

村野聡CHANNEL主宰　元小学校教諭　教材開発士　**村野　聡**

## 一

大好評だった前作『物語を楽しく深く読む！新国語ワークシート27』に続けて、保坂雅幸先生が

『国語〝説明文教材〟の新読解ワークシート26　コピーしてすぐ使える！全学年・全単元収録！』

を出版した。

今回は説明文のワークシートである。

これを待ち望んでいた方は多かったと思う。

これで光村教科書の物語教材、説明文教材はこの二冊で攻略することが約束された。

ありがたいことである。

今回の保坂氏による説明文ワークシートの最大の特徴は、

**教科書に徹底的に準拠している**

ということだ。

教科書でねらっている指導内容をていねいにトレースしたワークシートになっている。

つまり、

**学習の手引き**

をフル活用したワークシートなのである。

学習の手引きをフル活用すると何がいいのか。

国語教科書の単元末には「学習の手引き」が掲載されている。

検定教科書は学習指導要領のねらいを実現するための具体的な教材である。

その教科書の「学習の手引き」は当然、学習指導要領のねらいに沿った形で組み立てられている。

したがって、学習の手引きを使って授業を進めていけば、学習指導要領のねらいを決して外すことはないはずだ。


**学習指導要領のねらいを確実に身に付けさせることができる**

## 三

学習の手引きには作業指示や学習課題が指導手順として書かれている。

ただし、このまま授業を進められるかというと、そうではない。

実際の授業では、さらに細かい作業指示や学習課題の設定が必要になる。

教科書の「学習の手引き」は指導ステップとしては粗い。

例えば、五年生「想像力のスイッチを入れよう」という説明文の学習の手引きには、次の部分がある。

**●筆者は、「『想像力のスイッチ』を入れてみること」が大切だと述べている。**
**・筆者の考える「想像力のスイッチ」とはどのようなことか、本文中の言葉を使ってまとめよう。**

これでは考えることが正直難しいのである。

これが本書では次のように噛み砕かれている。

**(1)「想像力のスイッチ」とは、どのようなものでしょうか。各段落から探し、書きましょう。うすい文字はなぞりましょう。**

| 段落 | |
|---|---|
| 8 | 『まだ分からないよね。』と考える習慣をつけること。 |
| 9 | |
| 11 | |

これなら、考えることができる。

なぜか。

第一に、「本文中の言葉」では難しいが、「各段落から探」すことならできそうだからである。

第二に、表が示してあり、何段落を探せばよいのかやさしく教えてくれているからである。

第三に、「うすい文字をなぞ」ることで、書き方の例示がなされているからである。子供にとって例示は学習の道先案内人なのである。

このように、学習の手引きの作業指示をさらに細分化し、その一コマ一コマを学習しやすく再構成してあるのが本書である。

子供にやさしいスモールステップになっているのである。

学習の手引きのよさを最大限にかつスマートに引き出した、まさに、

## 保坂版学習の手引き

となっている。

ワークシートであるから、印刷して配布し、示された通りに授業を展開していくだけで学習指導要領の内容を間違いなく子供たちに注入することができる。

これもまたありがたい話である。

## 三

前作に引き続き、本書も新しい時代に対応した内容構成となっている。

## 働き方改革を推進する教材である。

学校現場では働き方改革の必要性が叫ばれているにも関わらず、なかなか改革は進まない。感染症の時代に突入し、せっかく働き方改革が進んだかと思われたことについても、またもとに戻そうとする力が働いている。

そのような状況下で、保坂氏によるワークシートの教材開発は具体的な働き方改革になると考える。

多忙極まる日常業務の中で本来最も重要であるはずの教材研究の時間を生み出すことの

困難さは誰もが承知のところである。

誰か明日の授業の準備をしてくれないかなあ！　と考えることもしばしばである。

それが実現した。

保坂先生が明日の授業の準備をしてくださった。

明日どころではない。

一年分の物語教材・説明文教材の準備をしてくれたのである。

この本を手元に置くことで大きな働き方改革になるというわけだ。

さらに、

## ICT活用ポイント

が各単元に掲載されている。

各教材で学んだ内容をＩＣＴで表現したり発展させたりするポイントが示されていることも魅力的である。

一人一台端末保有の時代に対応していることも、本書の特筆すべきポイントである。

是非、本書をフル活用して、学習指導要領のねらう説明的文章の読解学力を身に付けさせてほしい。

# まえがき

本書は、国語科説明文の読解をするためのワークシート集である。特徴は、次の三点だ。

（一）光村図書の教科書に掲載されている説明文をすべてワークシート化した。
（二）説明文から書く活動につなげる教材に対応した。
（三）学習者端末に対応し、調べ学習や学習のまとめの例を示した。

（一）について

令和二年二月発行の光村図書の教科書に掲載されている説明文をすべてワークシート化している。シートの解答欄に掲載されているページや、何行目という記述は、その教科書に準じている。シートを印刷すれば、すぐに授業ができるようになっている。

（二）について

効率よく、確実に力が付くように学習内容を厳選した。また、最近は説明文を読み取った後に、書く活動につなげる教材が多くなっている。書く活動にも対応できるようになっている。

（三）について

児童に一人一台パソコンやタブレットが配付され、学習のスタイルは大きく変わった。調べ学習が容易にできるようになり、紙に代わってスライド等に学んだことをまとめることが多くなった。シートには、教材に合った調べ学習のテーマや、学習のまとめ方の手本などを掲載した。児童が主体的に学習に取り組めるよう工夫してある。

また指導計画や設問に対する解答モデル（解答例）も示してある。授業の際に参考にしてほしい。

本書の解答モデル（解答例）は私の所属するサークルのメンバーが分担して執筆した。四年生は田中悠貴先生。五年生は小島庸平先生。六年生は植木和樹先生だ。三人とも、とても力のある先生である。しかし、前述したように、調べ学習等も課題として出しているので、解答モデルに書かれていることだけが正解ではない。授業の中で子供たちが様々なことを調べたり、考えを出したりして知的な授業が行われることを願っている。

以前『光村図書の時短授業が実現！　物語を楽しく深く読む！　新国語ワークシート27―読解技法による文学の授業＝全学年・全単元収録―』というワークシート集を出版させていただいた。この本は、光村図書の物語文全教材が収録されている。つまり本ワークシート集と合わせ、この二冊で、光村図書の「物語文」「説明文」はすべての授業ができるようになる。手に取っていただければ幸いである。

本書を出版するにあたり、多くの方に支えられてきた。いつもサークルという場で学びあっている仲間たち。私の教師生活において常に目標である村野聡先生。そしてなにより、授業の中で共に学んできた子供たちである。

また学芸みらい社の樋口雅子氏には大変お世話になった。発問や調べ学習のテーマなど細部にわたり、ご助言、ご指導をいただいた。なにより、このような出版の機会をいただいたことにこの場を借りて感謝申し上げる。ありがとうございました。

自分の実践を紹介できる。自分の作った教材がどこかの教室で使ってもらえる。教師としてこんなにうれしいことはありません。この本を手に取ってくださり、本当にありがとうございます。

令和三年十二月

保坂雅幸

# 目次



## 一年生

### くちばし



### うみの　かくれんぼ



### じどう車くらべ　じどう車ずかんをつくろう



### どうぶつの赤ちゃん

## 二年生

### たんぽぽの　ちえ



### どうぶつ園のじゅうい



### 馬のおもちゃの作り方

### おもちゃの作り方をせつめいしよう

### おにごっこ



## 三年生

### こまを楽しむ

## すがたを変える大豆
## 食べ物のひみつを教えます



## ありの行列



# 四年生

## アップとルーズで伝える



## 世界にほこる和紙
## 伝統工芸のよさを伝えよう



## ウナギのなぞを追って

## 五年生

### 言葉の意味が分かること



### 固有種が教えてくれること



### 想像力のスイッチを入れよう



## 六年生

### 時計の時間と心の時間

## 『鳥獣戯画』を読む
## 日本文化を発信しよう



## メディアと人間社会
## 大切な人と深くつながるために



## 解答モデル（解答例）のつづき

## 裏表紙　対談について

令和四年二月十六日　東京都立川市の喫茶店で、村野聡先生と保坂の対談が行われた。

村野聡先生は、現在教材開発士として、活躍されている。

本書のこと、現在そしてこれからの教育のことなど様々なことを話した。

特に、作文教材、読解ワークなどこれから作成していきたい教材についての話題で盛り上がった。ワークシートや、学習者用端末に対応した教材など様々なアイデアがでた。

保坂が現在考えている学習者用端末に対応した作文ワークシートは、村野先生の実践が基盤になっている。教材の作り方や著作権のことなど、教材づくりのポイントについて改めて学ぶことができた。

約一時間という短い時間であったが、大変有意義な時間であった。

保坂雅幸　　村野　聡

# くちばし

**六時間計画**

**ＩＣＴ活用**
動画の視聴

**準備物**
教科書のイラスト（シートに貼る）

## 指導計画

第一時　鳥やくちばしについて、知っていることを出し合う。音読をする。（シート①）
第二時　音読をして、書かれている内容を考える。（シート②）
第三時　きつつきのくちばしについて読み取る。（シート③）
第四時　おうむのくちばしについて読み取る。（シート④）
第五時　はちどりのくちばしについて読み取る。
第六時　『くちばし』を読んだ感想を書く。（シート⑤）

## 各時間の指導略案（主な指示・発問・説明）

**第一時**

(1)「どんな鳥を知っていますか。」
(2)「鳥たちは、どんなくちばしの形をしているでしょうか。」
(3) シート①を配布する。
(4)「鳥のくちばしは、どんな形をしていますか。また、なぜそのような形をしているのでしょうか。」
(5)「グループになって、話し合いなさい。」
(6)「『くちばし』を音読します。読んだら〇をぬりなさい。」

**第二～五時（同じ授業展開です）**

(1) 教科書の画像を提示する。「今日学習する〇〇の写真です。くちばしを見て、気が付いたことを発表しなさい。」
(2)「〇〇ページを音読しなさい。」
(3)「このくちばしは、どんな形ですか。」
(4)「だれのくちばしですか。」
(5)「なぜ、そのような形になっているのですか。」
(6) シートを配布する。
(7)「今日学習したくちばしについて、教科書を見ながら、シートに書きなさい。」

**第六時**

(1) シート⑤を配布する。
(2)「『くちばし』を読んで、あなたがいちばんおどろいたくちばしについて書きなさい。」

## 「解答モデル（解答例）」

**シート①**略

**シート②**
(1)・さきがするどくとがったくちばしです。
・これは、なんのくちばしでしょう。
・これは、きつつきのくちばしです。
・きつつきは、とがったくちばしで、きにあなをあけます。
そして、きのなかにいるむしをたべます。

**シート③**
(1)・ふとくて、さきがまがったくちばしです。
・これは、なんのくちばしでしょう。
・これは、おうむのくちばしです。
・おうむは、まがったくちばしのさきで、かたいたねのからをわります。
そして、なかのみをたべます。

**シート④**
(1)・ほそくて、ながくのびたくちばしです。
・これは、なんのくちばしでしょう。
・これは、はちどりのくちばしです。
・はちどりは、ほそながいくちばしを、はなのなかにいれます。
そして、はなのみつをすいます。

**シート⑤**
(1)（例）きつつきのくちばし
(2)（例）
いちばんおどろいたのは、きつつきのくちばしです。
どうしてかというと、くちばしできにあなをあけられるからです。
(3) 毛づくろいをする。
ものをつかむ。
ものをくわえて、はこぶ。

**ＩＣＴ活用**
NHK for School の中に、様々な鳥がえさを食べる動画がある。「くちばし」「鳥　えさ」などで検索し、児童に見せる。

# くちばし①

なまえ（　　　　　　）

**とりの　くちばしに　ついて　かんがえましょう。**

(1) しゃしんを　みて、どんな　かたちの　くちばしか　かんがえましょう。
また、なぜ　そのような　かたちに　なっているのか、はなしあいましょう。

にわとり

かわせみ

かも

わし

(2) 『くちばし』を、おんどくしましょう。いっかい　よんだら、○を　ひとつ　ぬりましょう。

① ② ③ ④ ⑤ ⑥ ⑦ ⑧ ⑨ ⑩

# くちばし②

なまえ（　　　　）

**きつつきの　くちばしに　ついて　よみとりましょう。**

(1) きつつきの　くちばしに　ついて、かきましょう。うすい　もじは、なぞりましょう。

くちばしの　かたち

さきが　するどく　とがった　くちばしです。

とい

これは、なんの　でしょう。

こたえ

これは、　です。

教科書
きつつきのくちばしのイラストを貼ってください。

その　かたちに　なって　いる　わけ

きつつきは、　たな　そして、　たべます。

教科書
きつつきの写真を貼ってください。

# くちばし③

なまえ（　　　　）

**おうむの　くちばしに　ついて　よみとりましょう。**

(1) おうむの　くちばしに　ついて、かきましょう。うすい　もじは　なぞりましょう。

教科書
おうむのくちばしの
イラストを貼ってくだ
さい。

教科書
おうむの写真を
貼ってください。

くちばしの　かたち

ふとくて、
です。

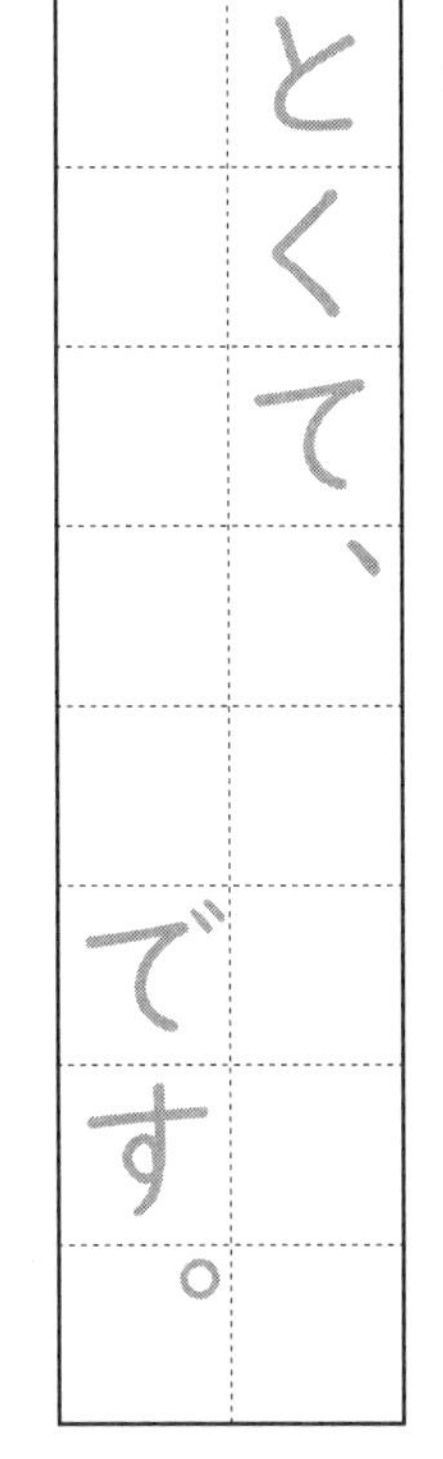

とい

これは、
。

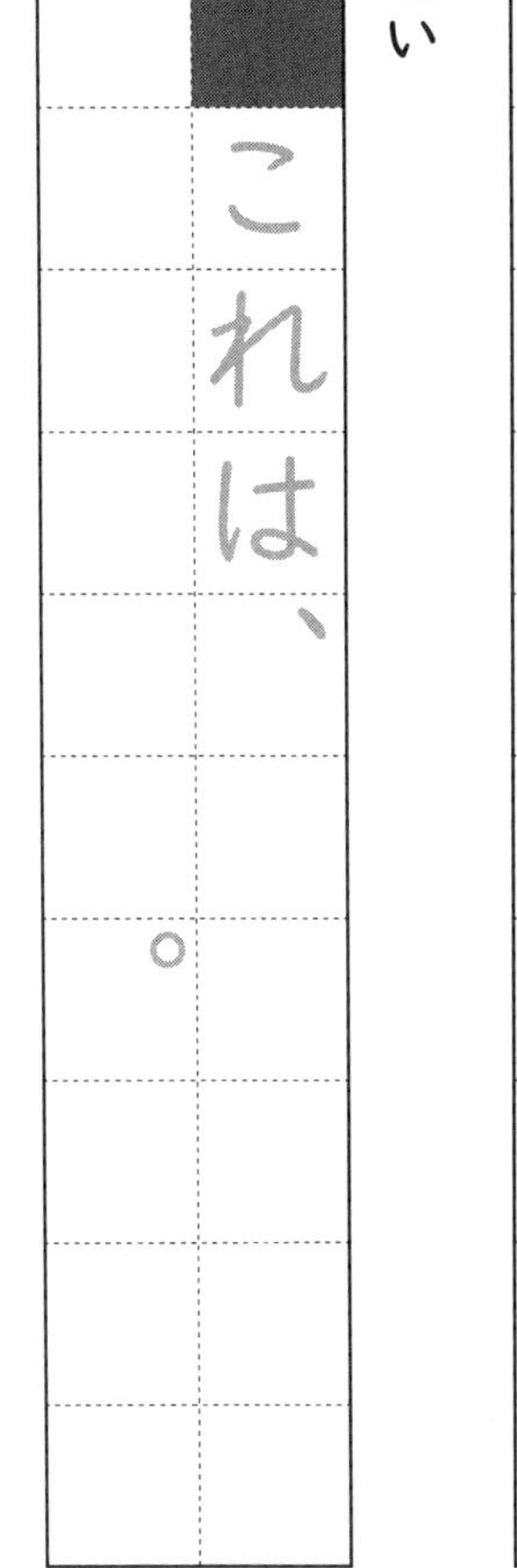

こたえ

これは、
です。

その　かたちに　なって　いる　わけ

おうむは、
く　、
た
ます。
そして、
。

# くちばし④

なまえ（　　　　　　）

**はちどりの　くちばしに　ついて　よみとりましょう。**

(1)　はちどりの　くちばしに　ついて、かきましょう。

くちばしの　かたち

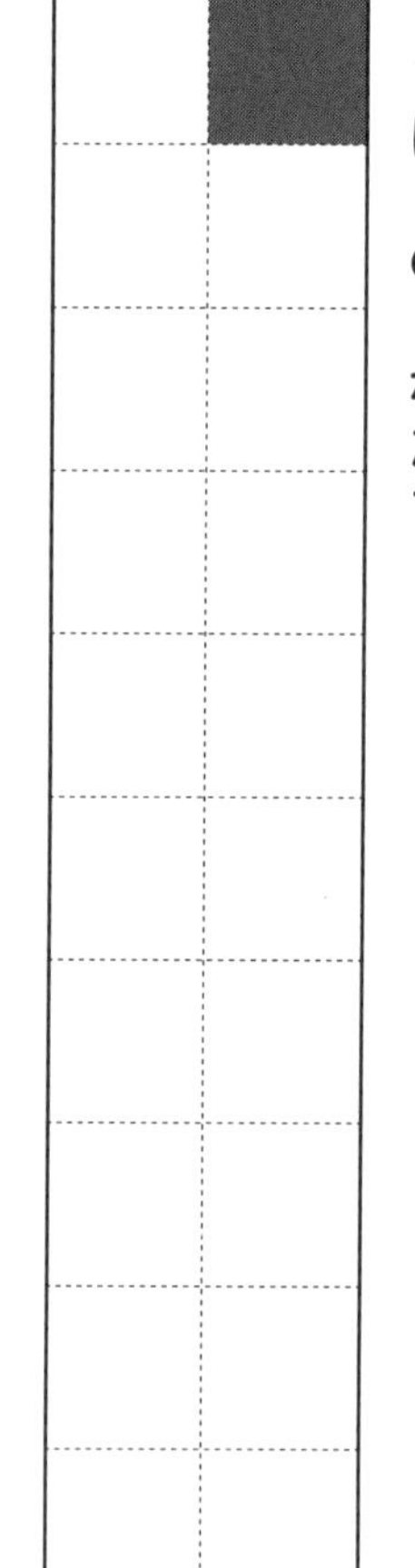

教科書
はちどりのくちばしのイラストを貼ってください。

とい

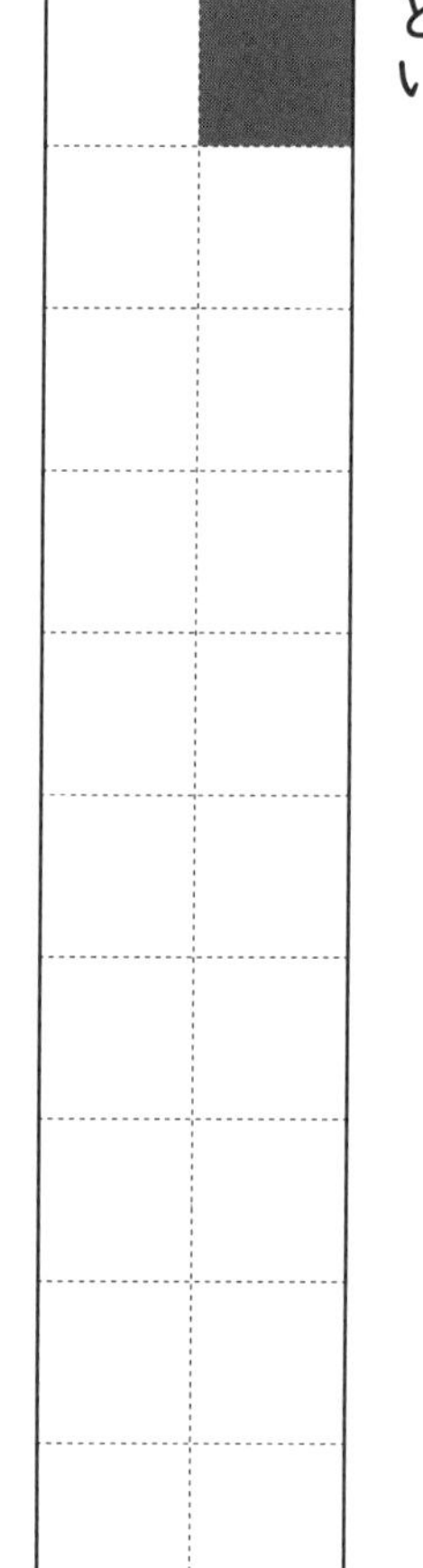

こたえ

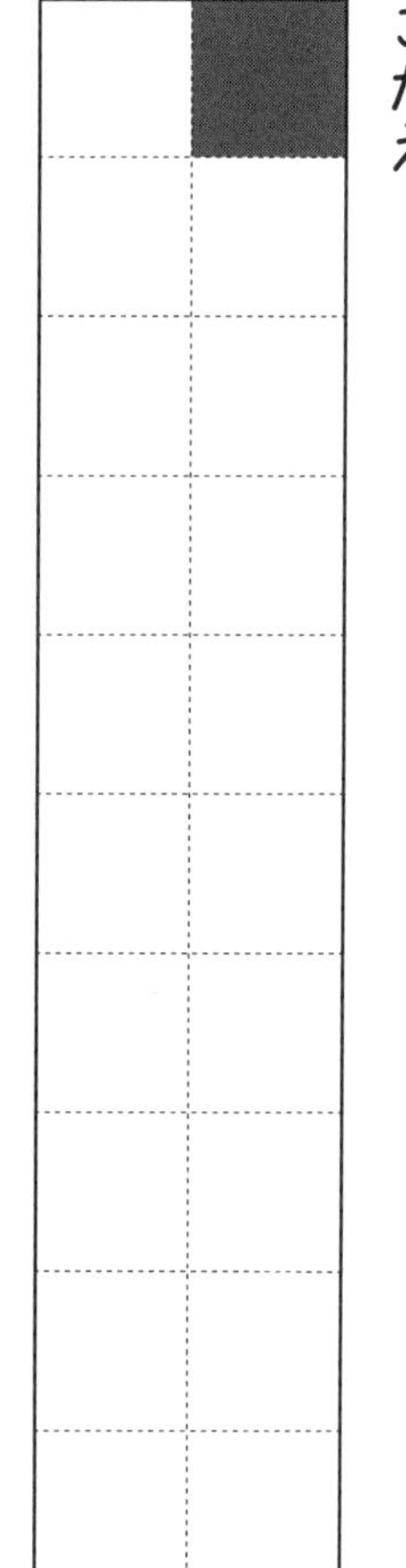

教科書
はちどりの写真を貼ってください。

その　かたちに　なって　いる　わけ

# くちばし⑤

なまえ（　　　　）

**『くちばし』を　よんだ　かんそうを　かきましょう。**

(1) いちばん　おどろいた　くちばしを　ひとつ　えらびましょう。うすい　もじは、なぞりましょう。

教科書
きつつきのくちばしのイラストを貼ってください。

教科書
おうむのくちばしのイラストを貼ってください。

教科書
はちどりのくちばしのイラストを貼ってください。

＿＿＿のくちばし。

(2) りゆうを　かきましょう。うすい　もじは、なぞりましょう。

いちばんおどろいたのは、＿＿＿のくちばしです。

どうしてかというと、

＿＿＿

からです。

(3) くちばしは、たべる　こと　いがいに、どんな　はたらきを　して　いるでしょうか。しらべて　みましょう。

# うみの　かくれんぼ　六時間計画

ICT活用
動画の視聴

準備物
教科書のイラスト（シートに貼る）
海の生き物が隠れている画像

## 指導計画

第一時　海にはどんな生き物がいるのか発表する。海の生き物の体の特徴について話し合う。（シート①）
第二時　音読をする。
第三時　はまぐりの隠れ方を読み取る。（シート②）
第四時　たこの隠れ方を読み取る。（シート③）
第五時　もくずしょいの隠れ方を読み取る。（シート④）
第六時　感想を書く。（シート⑤）

## 各時間の指導略案（主な指示・発問・説明）

**第一時**

(1)「どんな海の生き物を知っていますか。」
(2)シート①を配布する。
(3)「海の生き物の体の特徴について、話し合いなさい。」
(4)音読をする。

**第三～五時（同じ授業展開です）**

(1)教科書の画像を提示する。
「今日学習する○○の写真です。写真を見て、気が付いたことを発表しなさい。」
(2)「○○ページを音読しなさい。」
(3)「どこに隠れていますか。」
(4)「どんな体の特徴がありますか。」
(5)「どのようにして隠れますか。」
(6)シートを配布する。
(7)「今日学習した隠れ方について、教科書を見ながら、シートに書きなさい。」

**第六時**

(1)シート⑤を配布する。
(2)「『うみのかくれんぼ』を読んで、あなたがいちばん驚いた隠れ方について書きなさい。」
(3)「他にはどんな生き物が海の中で隠れているのか、調べなさい。」

## 「解答モデル（解答例）」

**シート①**略

**シート②**
(1)・すなのなかにかくれています。
・大きくてつよいあしをもっています。
・すなのなかにあしをのばして、すばやくもぐってかくれます。

**シート③**
(1)・うみのそこにかくれています。
・からだのいろをかえることができます。
・まわりとおなじいろになって、じぶんのからだをかくします。

**シート④**
(1)・いわのちかくにかくれています。
・はさみで、かいそうなどを小さくきることができます。
・かいそうなどをからだにつけて、かいそうにへんしんするのです。

**シート⑤**
(1)(例)もずくしょいのかくれかた
(2)(例)いちばんおどろいたのは、もくずしょいのかくれかたです。どうしてかというと、かいそうにへんしんすることをはじめてしったからです。
(3)略

**ICT活用**

他にはどんな海の生き物が隠れているのか調べる。児童がインターネットで検索することが難しい場合は、事前に教員が画像を検索しておき、スライドに貼り付けておく。「どこに、どんな海の生き物が隠れているでしょうクイズ」を行うのも楽しい。

また、②③④のシートで読み取った後はデジタル教科書の動画を活用し、実際に動いている姿を見せると知識の定着に効果的である。

# うみの　かくれんぼ①

なまえ（　　　　）

うみに　すむ　いきものの　からだの　とくちょうに
ついて　かんがえましょう。

(1) しゃしんを　みて、どんな　からだの　とくちょうが　あるのか
はなしあいましょう。

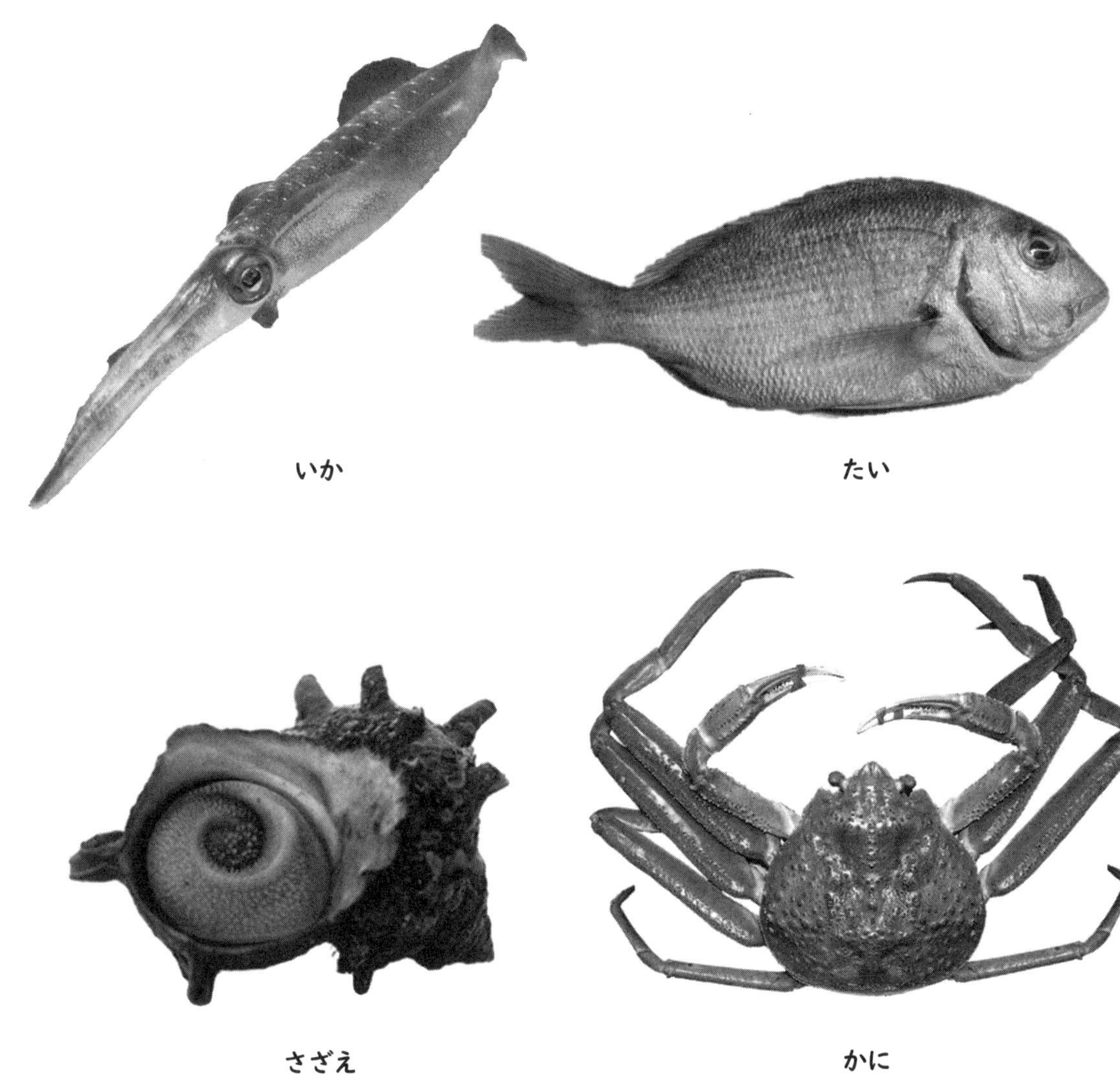


(2) 『うみの　かくれんぼ』を、おんどくしましょう。いっかい　よんだら、
○を　ひとつ　ぬりましょう。

① ② ③ ④ ⑤ ⑥ ⑦ ⑧ ⑨ ⑩

# うみの　かくれんぼ②

なまえ（　　　　）

**はまぐりが　かくれる　ようすを　よみとりましょう。**

(1) はまぐりが　どのように　して　かくれるのか　かきましょう。うすい　もじは、なぞりましょう。

教科書　はまぐりの写真を　貼ってください。

かくれている　ばしょ

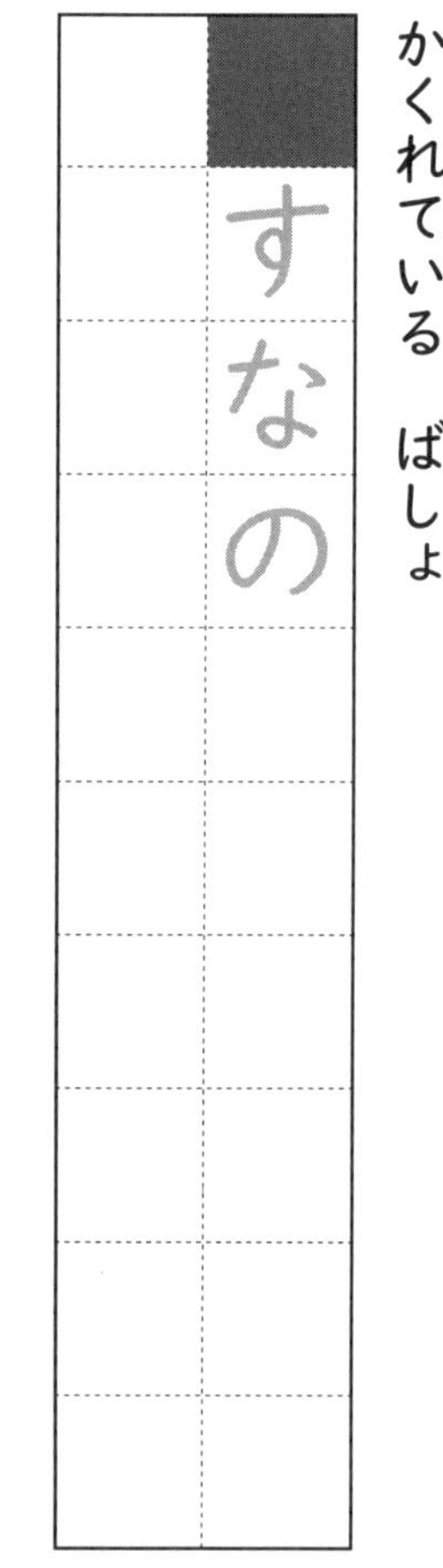

すなの

教科書　はまぐりの写真を　貼ってください。

からだの　とくちょう

大きくて

教科書　はまぐりの写真を　貼ってください。

どのように　して　かくれるのか

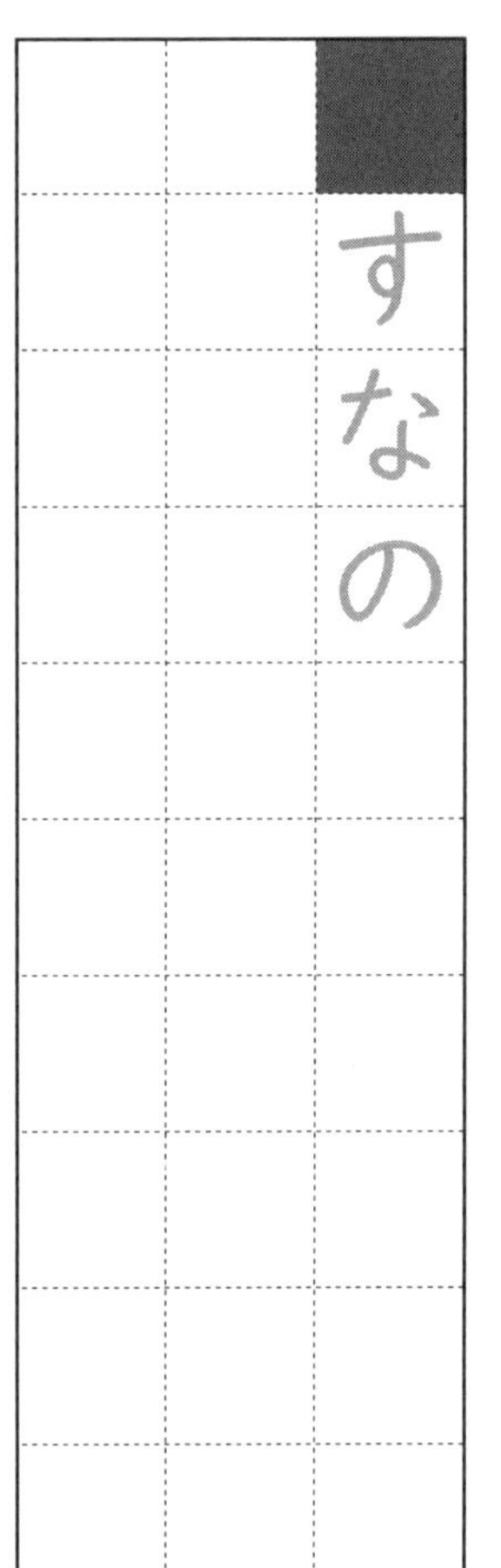

すなの

# うみの　かくれんぼ③

なまえ（　　　　）

たこが　かくれる　ようすを　よみとりましょう。

(1) たこが　どのように　して　かくれるのか　かきましょう。

教科書
たこの写真を
貼ってください。

かくれて　いる　ばしょ

教科書
たこの写真を
貼ってください。

からだの　とくちょう

教科書
たこの写真を
貼ってください。

どのように　して　かくれるのか

# うみの　かくれんぼ④

なまえ（　　　　）

**もくずしょいが　かくれる　ようすを　よみとりましょう。**

(1) もくずしょいが　どのように　して　かくれるのか　かきましょう。

教科書
もくずしょいの
写真を貼って
ください。

かくれて　いる　ばしょ

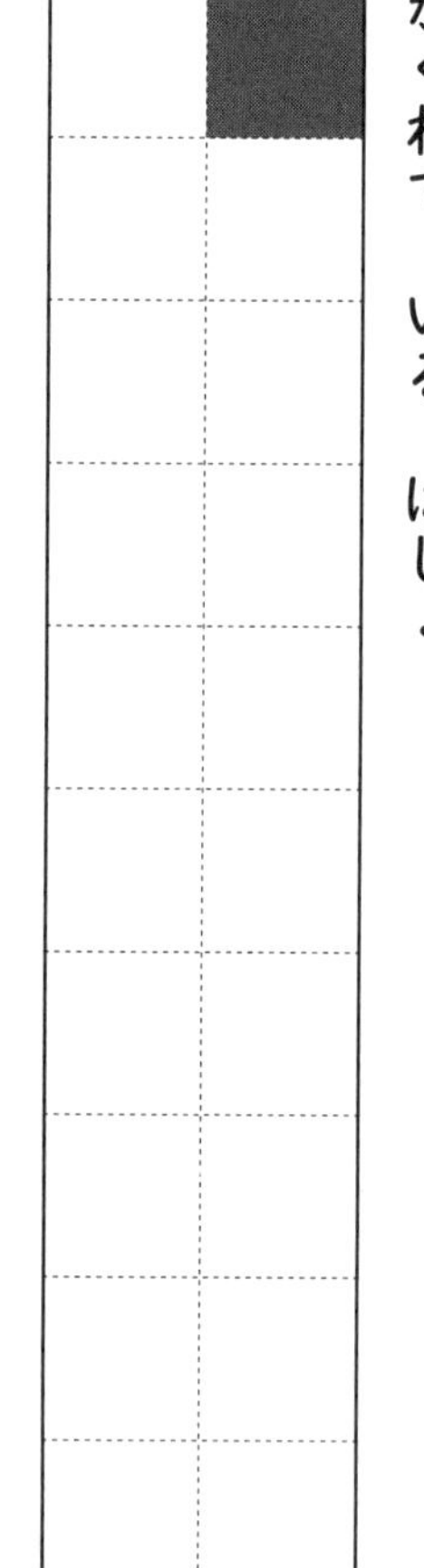

教科書
もくずしょいの
写真を貼って
ください。

からだの　とくちょう

教科書
もくずしょいの
写真を貼って
ください。

どのように　して　かくれるのか

# うみの　かくれんぼ⑤

なまえ（　　　　　　）

『うみの　かくれんぼ』を　よんだ　かんそうを　かきましょう。

(1) いちばん　おどろいた　かくれかたを　ひとつ　えらびましょう。うすい　もじは、なぞりましょう。

教科書　はまぐりの写真を貼ってください。

教科書　たこの写真を貼ってください。

教科書　もくずしょいの写真を貼ってください。

(2) りゆうを　かきましょう。うすい　もじは、なぞりましょう。

（　　　）のかくれかた。

いちばんおどろいたのは、（　　　）のかくれかたです。

どうしてかというと、

からです。

(3) ほかには、どんな　いきものが、うみで　かくれて　いるでしょうか。しらべましょう。

# じどう車くらべ
## じどう車ずかんを　つくろう

七時間計画

ＩＣＴ活用
図鑑の配信

準備物
図鑑
（はたらく自動車）

## 指導計画

第一時　はたらく自動車にはどんなものがあるのか考える。（シート①）
第二時
第三時、四時　音読をして、書かれている内容を考える。自動車の仕事とつくりを読み取る。（シート②）
第五時　自動車図鑑をつくるために、調べ学習をする。（シート①）
第六時　自動車図鑑をつくる。
第七時　発表会をする。

## 各時間の指導略案（主な指示・発問・説明）

**第一時**

（1）「はたらく自動車には、どんなものがありますか。また、どんな仕事をしていますか。」
（「例えばパトカーです。」など例示をする。）
（2）シート①を配布する。
（3）「教科書のイラストを見ます。どんな自動車が走っているのか、書きなさい。」
（4）「それぞれ、どんな仕事をしてるのか、グループで話し合いなさい。」
（5）「好きな自動車の絵を描きましょう。」

**第三、四時**

（1）シート②を配布する。
（2）「それぞれの自動車が、どんな仕事をしていて、どんなつくりになっているか考えます。」
（3）「バスや乗用車は、どんな仕事をしていますか。線を引きなさい。」
（4）「そのために、どんなつくりになっていますか。波線を引きなさい。」
（5）シートに書きなさい。
（教師も拡大したシートに書き込んでいく。）
同じようにトラック、クレーン車も扱う。

**第五時**

（1）シート①を配布する
（2）「図鑑で、どんなはたらく自動車があるのか調べなさい。」
（3）「仕事やつくりを調べて、書きなさい。」
（4）「教科書を参考に、カードをつくりなさい。」

## 「解答モデル（解答例）」

### じどう車くらべ

**シート①**

（1）・タンクローリー
・じょうよう車
・ごみしゅうしゅう車
・トラック
・ゆうびん車
・パトカー
（2）、（3）略

**シート②**

（1）バスや　じょうよう車
しごと…人をのせてはこぶしごと
つくり…ざせきのところが、ひろくつくってあります。そとのけしきがよく見えるように、大きなまどがたくさんあります。
トラック
しごと…にもつをはこぶしごと
つくり…うんてんせきのほかは、ひろいにだいになっています。おもいにもつをのせるトラックには、タイヤがたくさんついています。
クレーン車
しごと…おもいものをつり上げるしごと
つくり…じょうぶなうでが、のびたりうごいたりするように、つくってあります。車たいがかたむかないように、しっかりしたあしが、ついています。

### じどう車ずかんをつくろう

**シート①**

（1）略
（2）（例）ゆうびん車
（3）（例）
しごと…ゆうびんぶつをはこぶしごと
つくり…かみやにもつをたくさんのせるため、ものを入れるところがひろくつくってあります。
（4）略
（5）いま…ガソリン
これから…すいそ　たいようこう　など

**ＩＣＴ活用**

シート③を扱う際、図書室に十分な数の図鑑があればそれを活用する。しかし、足りない場合は、図鑑をスキャンし、端末を利用して、児童に配信する。児童はそれを見ながら、シート③に記入する。

# じどう車くらべ①

なまえ（　　　　　　）

**どんな　じどう車が　あるのか、かんがえましょう。**

(1) どんな　じどう車が　どうろを　はしって　いますか。きょうかしょの
イラストを　見て、かきましょう。うすい　もじは　なぞりましょう。

タクシー

(2) (1)で　かいた　じどう車が、どんな　しごとを　して　いるのか、
グループで　はなしあいましょう。

(3) きょうかしょを　見たり、インターネットで　しらべたりして、すきな
じどう車の　えを　かきましょう。いろも　ぬりましょう。

かいた　じどう車

# じどう車くらべ②

なまえ（　　　）

**じどう車の　しごとと　つくりを　かんがえましょう。**

(1)　つぎの　じどう車は、どんな　しごとを　して　いますか。また、どんな　つくりに　なって　いますか。うすい　文字は、なぞりましょう。

**バスや　じょうよう車**

しごと：人をのせてはこぶしごと。

その　ために、

つくり：ざせきのところが、

**トラック**

しごと：

その　ために、

つくり：

**クレーン車**

しごと：

その　ために、

つくり：

# じどう車ずかんを　つくろう①

なまえ（　　　　　　　　　　）

## じどう車ずかんを　つくりましょう。

(1) ずかんで、どんな　はたらく　じどう車が　あるのか　しらべましょう。

(2) カードに　する　じどう車を　きめて、かきましょう。

(3) しごとと　つくりを　しらべて、かきましょう。

| しごと | つくり |
| --- | --- |
| | そのために、 |

(4) きょうかしょを　さんこうに、カードを　かきましょう。

(5) じどう車は、なにを　ねんりょうに　して、はしって　いるのでしょうか。いまと　これからを　しらべて　みましょう。

| いま | これから |
| --- | --- |
| | |

# どうぶつの　赤ちゃん　七時間計画

ますい　みつこ／文　つきもと　かよみ／絵

**ICT活用**
画像の検索
図鑑の配信

**準備物**
教科書に例示されている本

## 指導計画

第一時　いろいろな動物の赤ちゃんの写真を見て、関心を高める。範読を聞く。
第二時　音読をして、初めて知ったことや、不思議に思ったことを話し合う。
第三時　生まれた時のライオンとしまうまの赤ちゃんの違いを読み取る。（シート①）
第四時　ライオンとしまうまの赤ちゃんが大きくなる様子を読み取る。（シート②）
第五、六時　ほかの動物の赤ちゃんについて調べる。（シート③）
第七時　発表会をする。

## 各時間の指導略案（主な指示・発問・説明）

**第三時**

(1)「生まれた時の、ライオンとしまうまの赤ちゃんの違いを読み取りましょう。」
(2)シート①を配布する。
(3)音読をさせる。
(4)「生まれた時、ライオンとしまうまの赤ちゃんの大きさは、どれぐらいと書いてありますか。」
(5)「ワークシートに書きなさい。」
教師も拡大したシートに書き込んでいく。
以下、同様にシートに書かせていく。
(6)「生まれた時の様子を比べて、気が付いたことを書きなさい。」

**第四時**

(1)「ライオンとしまうまの赤ちゃんが、大きくなっていく様子を読み取りましょう。」
(2)シート②を配布する。
(3)音読をさせる。
(4)「生まれて二か月ぐらいの時、ライオンの赤ちゃんはどんな様子ですか。」
(5)「ワークシートに書きなさい。」
教師も拡大したシートに書き込んでいく。
以下、同様にシートに書かせていく。
(6)「成長していく様子を比べて、気が付いたことを書きなさい。」
(7)「その他の動物の赤ちゃんについて、インターネットで画像を検索しましょう。」

## 「解答モデル（解答例）」

**シート①**

(1)・子ねこぐらいの大きさです。（ライオン）
・もう、やぎぐらいの大きさがあります。（しまうま）
・目や耳は、とじたままです。（ライオン）
・目はあいていて、耳はぴんと立っています。（しまうま）
・よわよわしくて、おかあさんにあまりにていません。（ライオン）
・しまのもようもついていて、おかあさんにそっくりです。（しまうま）
・おかあさんに、くちにくわえてはこんでもらうのです。（ライオン）
・生まれて三十ぷんもたたないうちに、じぶんでたち上がります。そして、つぎの日には、はしるようになります。（しまうま）
(2)ライオンはすぐにじぶんでいどうができないけれど、しまうまはいどうができる。
ライオンの赤ちゃんは、おかあさんにあまりにていないけれど、しまうまの赤ちゃんはそっくり。

**シート②**

(1)ライオン
・おちちだけのんでいます。
・おかあさんのとったえものをたべはじめます。
・おかあさんやなかまがするのを見て、えものとりかたをおぼえます。そして、じぶんでつかまえてたべるようになります。
しまうま
・おかあさんのおちちだけのんでいます。
・おちちものみますが、じぶんで草もたべるようになります。
(2)しまうまは、草をたべるようになるのが早い。
(3)略

**シート③**

(1)（例）パンダ
・百グラムか、二百グラムぐらい。
・けが生えていなく、ぜんしんピンクいろ。
・とても大きなこえでなく。
・生まれて一か月ほどで、けが生えてくる。
(2)略

**ICT活用**

シート②で、ヤフーキッズを開かせ「どうぶつ　あかちゃん」で画像検索をさせる。シート③で、本の数が足りない場合は、いくつか図鑑をスキャンし、端末を利用して、児童に配信する。児童はそれを見ながら、シート③に記入する。

# どうぶつの　赤ちゃん①

なまえ（　　　　）

ライオンの　赤ちゃんと　しまうまの　赤ちゃんを　くらべましょう。

(1) 生まれた　ときの　ようすを　かきましょう。うすい　文字は　なぞりましょう。

| | ライオン | しまうま |
|---|---|---|
| 大きさ | 子ねこぐらいの大きさです。 | |
| 目や　耳の　ようす | | |
| 見た目 | | |
| いどうの　しかた | | |

(2) 生まれた　ときの　ようすを　くらべて、気が　ついた　ことを　かきましょう。

# どうぶつの 赤ちゃん②

なまえ（　　　　）

**ライオンの 赤ちゃんと しまうまの 赤ちゃんを くらべましょう。**

(1) 大きく なって いく ようすを かきましょう。うすい 文字は、なぞりましょう。

| | |
|---|---|
| 生まれて二か月ぐらい | おちちだけのんでいます。 |
| やがて | |
| 一年ぐらいたつと | |

| | |
|---|---|
| 生まれて七日ぐらい | |
| その あと | |

(2) 大きく なって いく ようすを くらべて、気が ついた ことを かきましょう。

(3) ほかの どうぶつの 赤ちゃんに ついて、インターネットで がぞうを けんさくしましょう。

カンガルー

ぞう

きりん

# どうぶつの　赤ちゃん③

なまえ（　　　　）

どうぶつの　赤ちゃんに　ついて　しらべた　ことを、はっぴょうしましょう。

⑴ ずかんで　しらべた　ことを　かきましょう。

⑵ しらべた　ことを　はっぴょうしましょう。

## はっぴょうかいの　しかた

①四人の　グループを　つくりましょう。

②本や　しゃしんを　見せながら、
しらべた　ことを　つたえましょう。

③はじめて　しった　ことを
つたえあいましょう。

# たんぽぽの ちえ　八時間計画

うえむら としお／文　せと あきら／絵

**ICT活用**
調べ学習
動画の視聴

**準備物**
教科書に例示されている本

## 指導計画

第一時　たんぽぽについて知っていることを発表したり、画像から気が付いたことを話し合ったりして、関心を高める。範読を聞く。音読をして、初めて知ったことや、不思議に思ったことを話し合う。

第二時　音読をして、初めて知ったことや、不思議に思ったことを話し合う。

第三時　たんぽぽを探して、スケッチをする。（シート①）

第四時　挿絵と文を対応させる。（シート②）

第五、六時　たんぽぽの「ちえ」と「わけ」を読み取る。（シート③④）

第七、八時　草花クイズを作り、問題を出し合う。（シート⑤）

## 各時間の指導略案（主な指示・発問・説明）

**第四時**

(1)シート②を配布する。
(2)「挿絵を説明している文に線を引きなさい。」
(3)発表させ、意見が分かれたら話し合わせる。
(4)「線を引いたところを表に書き写しなさい。」
(5)「NHK for School」の動画を見せる。

**第五、六時**

(1)シート③を配布する。
(2)「二、三日たった時、たんぽぽはどんな知恵をはたらかせていますか。書かれている文を指で押さえなさい。」
(3)（発表させたのち）「赤鉛筆で線を引きなさい。」
(4)「なぜそのようなことをするのでしょう。わけが書かれている文を指で押さえなさい。」
(5)（発表させたのち）「青鉛筆で線を引きなさい。」
以下、同様に扱っていく。

**第七時**

(1)シート⑤を配布する。
(2)「たんぽぽ以外の植物は種をどのようにとばし、仲間を増やしているのでしょう。動画を見ます。」
「NHK for School」の動画を見せる。
(3)「本やインターネットで草花の知恵について調べ、クイズを作りなさい。」

## 「解答モデル（解答例）」

**シート①**

(1)略
(2)西洋たんぽぽは、花びらの下にある「そうほうへん」がそりかえっているが、日本たんぽぽはとじている。
(3)略

**シート②**

(1)略
(2)略

**シート③**

(1)

| 絵 | 文 |
|---|---|
| | 春になると、たんぽぽの黄色いきれいな花がさきます。 |
| | そうして、たんぽぽの花のじくは、ぐったりとじめんにたおれてしまいます。 |
| | このころになると、それまでたおれていた花のじくが、またおき上がります。そうして、せのびをするように、ぐんぐんのびていきます。 |
| | よく晴れて、風のある日には、わた毛のらっかさんは、いっぱいにひらいて、とおくまでとんでいきます。 |
| | でも、しめり気の多い日や、雨ふりの日には、わた毛のらっかさんは、すぼんでしまいます。 |

1

| ちえ | わけ |
|---|---|
| 花はしぼんで、だんだん黒っぽい色にかわっていきます。そうして、たんぽぽの花のじくは、ぐったりとじめんにたおれてしまいます。 | 花とじくをしずかに休ませて、たねに、たくさんのえいようをおくっているのです。 |

2

| ちえ | わけ |
|---|---|
| 花はすっかりかれて、そのあとに、白いわたげができます。わたげの一つ一つは、ひろがると、ちょうどらっかさんのようになります。 | たんぽぽは、このわた毛についているたねを、ふわふわととばすのです。 |

解答編に続く

**ICT活用**

NHK for school の中にシート②⑤に書かれている動画があるので、視聴させる。また、図鑑の数が足りない場合は、いくつかのページをスキャンして、児童の端末に送信する。児童はそれを見ながら、クイズを作成する。

# たんぽぽの ちえ①

名前（　　　　）

**『たんぽぽの ちえ』を 音読しましょう。また、たんぽぽを さがして、スケッチを しましょう。**

(1) 『たんぽぽの ちえ』を 音読しましょう。一かい 読んだら、○を 一つ ぬりましょう。

①②③④⑤⑥⑦⑧⑨⑩

(2) たんぽぽは 「西洋たんぽぽ」と 「日本たんぽぽ」に 分かれます。この 二つの 見分け方を、本や インターネットで しらべましょう。

(3) たんぽぽを さがして、スケッチを しましょう。〈れい〉の ように 気が ついた ことを 書きこみましょう。

〈れい〉

# たんぽぽの　ちえ②

名前（　　　　）

『たんぽぽの　ちえ』を　読んで、さし絵を　せつめいして　いる　文を　さがしましょう。

(1) 教科書（きょうかしょ）に　かかれて　いる　さし絵を　見て、それぞれの　絵を　せつめいして　いる　文を　さがし、せんを　ひきましょう。

(2) ひょうに　まとめましょう。

| 絵 | | | | | |
|---|---|---|---|---|---|
| 文 | | | | | |

(3) 「たんぽぽの　花と　たね」に　ついての　どうがを　見て、かんそうを　つたえあいましょう。

# たんぽぽの　ちえ③

名前（　　　　）

たんぽぽの「ちえ」と「わけ」を　読みとりましょう。

(1)　たんぽぽは、いつ、どんな「ちえ」を　はたらかせて　いますか。また、どんな「わけ」が　あるのでしょうか。ときを　あらわす　ことばに　気をつけて、書きましょう。

1　二、三日　たつと

| ちえ | わけ |
|---|---|
| | |

2　やがて

| ちえ | わけ |
|---|---|
| | |

# たんぽぽの ちえ④

名前（　　　　　）

**「ちえ」と 「わけ」を 読みとりましょう。**

(1) たんぽぽは、いつ、どんな 「ちえ」を はたらかせて いますか。また、どんな 「わけ」が あるのでしょうか。ときを あらわす ことばに 気を つけて、書きましょう。

① この ころに なると

| ちえ | わけ |
|---|---|
| | |

② よく 晴れて、風の ある 日には

| ちえ |
|---|
| |

③ しめり気(け)の 多い 日や、雨ふりの 日には

| ちえ | わけ |
|---|---|
| | |

# たんぽぽの　ちえ⑤

名前（　　　　）

**草花の　ちえに　ついて　しらべましょう。しらべたことから「草花の　ちえクイズ」を　つくりましょう。**

(1) どうがを　見て、しょくぶつが、どのように　して　あたらしい　なかまを　ふやして　いるのか、しらべましょう。

・カタバミの　たね
・メナモミの　たね
・カエデの　たね

(2) 本や　インターネットで「草花の　ちえ」に　ついて　しらべましょう。〈れい〉を　さんこうに、「草花の　ちえクイズ」を　つくり、もんだいを　出し合いましょう。

草花の　ちえクイズ〈れい〉

なぜ、オオバコは　ふまれても　だいじょうぶなのでしょうか。

①はっぱが　とても　かたいから。

②はっぱの　中に、きれにくい　すじが　入っているから。

③ふまれそうに　なると、はっぱが　うごくから。

こたえは、なんばんでしょうか。

# どうぶつ園のじゅうい　八時間計画

うえだ　みや／文　そしき　だいすけ／絵

**ICT活用**
調べ学習
動画の視聴

**準備物**
特になし

## 指導計画

第一時　動物園の獣医がどんな仕事をしているのか予想する。音読をする。
第二時　初発の感想を書く。
第三時　筆者の仕事について読み取る。（シート①）
第四、五時　筆者の仕事の工夫などを読み取る。（シート②③）
第六時　筆者の仕事を二つに分ける。（シート④）
第七時　筆者の仕事について考えたことを書く。（シート⑤）
第八時　シート⑤で書いたことを交流する。

## 各時間の指導略案（主な指示・発問・説明）

**第三時**

(1)シート①を配布する。
(2)「筆者はどんな仕事をしているでしょうか。表にまとめなさい。」
(3)「書いたことをグループで発表しなさい。」

**第四、五時（同じ授業展開です）**

(1)シート②（③）を配布する。
(2)「筆者が仕事をしたわけと、工夫を読み取り、表にまとめなさい。」
(3)「書いたことを、グループで発表しなさい。」

**第六時**

(1)シート④を配布する。
(2)「筆者の仕事を、毎日することと、この日にだけしたことに分けて書きなさい。」
(3)「仕事を二つに分けて、気が付いたことを話し合いなさい。」

**第七時**

(1)シート⑤を配布する。
(2)「例を参考に、筆者の仕事について考えたことを書きなさい。」
(3)「飼育員の仕事について調べなさい。」

## 「解答モデル（解答例）」

### シート①

(1)

| いつ | どうぶつの名前 | ひっしゃのしごと |
|---|---|---|
| 朝 | | どうぶつ園を見回った。 |
| 見回りがおわるころ | いのしし | いのししのおなかにきかいを当てた。 |
| お昼前 | にほんざる | くすりをのませた。 |
| お昼すぎ | ワラビー | はぐきのちりょうをした。 |
| 夕方 | ペンギン | ボールペンをはかせた。 |
| 一日のしごとのおわり | | 日記を書いた。 |
| どうぶつ園を出る前 | | おふろに入った。 |

(2)略

### シート②

(1)

| いつ | 朝 | 見回りがおわるころ | お昼前 |
|---|---|---|---|
| しごと | どうぶつ園を見回った。 | いのししのおなかにきかいを当てた。 | にほんざるにくすりをのませた。 |
| しごとをしたわけ | 元気なときのどうぶつのようすを見ておくと、びょうきになったとき、すぐに気づくことができるから。ふだんから顔を見せて、なれてもらうため。 | しいくいんさんに、赤ちゃんがいるかどうか、みてほしいといわれたから。 | けがをしたにほんざるが、くすりをのまないと、しいくいんさんがこまっていたから。 |
| しごとをするときのくふう | 毎日、「おはよう。」と言いながら家の中へ入り、こえもおぼえてもらうようにしている。 | しいくいんさんがえさをたべさせている間に、そっときかいを当てた。 | えさの中にくすりを入れた。くすりをこなにして、半分に切ったバナナにはさんだ。はちみつにまぜてのませた。 |

解答編に続く

**ICT活用**

飼育員について調べ学習を行う。ヤフーキッズ「飼育員」で検索すると、様々な仕事内容が出てくる。時間があれば、水族館の飼育員と仕事を比較させてもよい。また、近くの動物園のHPを検索し、どんな動物がいるのか、どのようなイベントを行っているのか調べるのも児童の興味を高めることにつなげることができる。

# どうぶつ園のじゅうい①

名前（　　　　　）

**ひっしゃのしごとについて、読みとりましょう。**

(1) ひっしゃは、いつ、どんなしごとをしましたか。じかんのじゅんじょが分かることばに気をつけて、まとめましょう。うすい文字は、なぞりましょう。

| いつ | どうぶつの名前 | ひっしゃのしごと |
| --- | --- | --- |
| 朝 | | どうぶつ園を見回った。 |
| 見回りがおわるころ | | |
| | | |
| | | |
| | | |
| | | |
| | | |

(2) おふろに入ることはしごとでしょうか。しごとではないでしょうか。グループで話し合いましょう。

# どうぶつ園のじゅうい②

名前（　　　　）

**ひっしゃのしごとについて、読みとりましょう。**

(1) ひっしゃが、そのしごとをしたわけや、しごとをするときにくふうしたことを、まとめましょう。うすい文字は、なぞりましょう。

| いつ | 朝 | 見回りがおわるころ | お昼前 |
|---|---|---|---|
| しごと | どうぶつ園を見回った。 | | |
| しごとをしたわけ | 元気なときのどうぶつのようすを見ておくと、びょうきになったとき、すぐに気づくことができるから。<br>ふだんから顔を見せて、なれてもらうため。 | | |
| しごとをするときのくふう | 毎日、「おはよう。」と言いながら家の中へ入り、こえもおぼえてもらうようにしている。 | | |

# どうぶつ園のじゅうい③

名前（　　　　　　　　）

**ひっしゃのしごとについて、読みとりましょう。**

(1) ひっしゃが、そのしごとをしたわけや、しごとをするときにくふうしたことを、まとめましょう。

| いつ | お昼すぎ | 夕方 | 一日のしごとのおわり | どうぶつ園を出る前 |
|---|---|---|---|---|
| しごと | | | | |
| しごとをしたわけ | | | | |
| しごとをするときのくふう | | | | |

# どうぶつ園のじゅうい④

名前（　　　　）

**ひっしゃのしごとについて、考えましょう。**

(1) ひっしゃのしごとを、「毎日すること」と「この日にだけしたこと」に分けましょう。

- どうぶつ園の見回り
- いのししのおなかにきかいを当てる
- にほんざるにくすりをのませる
- ワラビーのはぐきのちりょう
- ペンギンがのみこんだボールペンをはかせる
- 日記を書く
- おふろに入る

| 毎日すること | |
|---|---|
| この日にだけしたこと | |

(2) 気がついたことを、グループで話し合いましょう。

# どうぶつ園のじゅうい⑤

名前（　　　　　）

**じゅういのしごとについて、考えたことを書きましょう。**

(1)〈れい〉をさんこうに、考えたことを書きましょう。

わたしが、じゅういさんのしごとで、（いちばんおどろいた／もっと知りたいと思った）のは、～です。どうしてかというと、～からです。

じゅういさんは、～（じゅういさんのしごとにのようすを書く）しています。～（じゅういさんのしごとについて考えたことを書く）。

〈れい〉

わたしが、じゅういさんのしごとで、いちばんおどろいたのは、毎日どうぶつ園の見回りをしていることです。どうしてかというと、どうぶつ園は広いと思うので、毎日見回るのはとてもたいへんだと思うからです。

じゅういさんは、ちりょうをするとき、いろいろくふうをしています。わたしも、なにかをするときに、いろいろくふうをしていくことが大切だと思いました。

(2) どうぶつ園には、どうぶつのせわをする「しいくいん」というしごとがあります。どんなしごとをしているのでしょうか。本やインターネットでしらべましょう。

〈2年〉

# 馬のおもちゃの作り方
## おもちゃの作り方をせつめいしよう

みやもと　えつよし／文

**八時間計画**

**ICT活用**
写真機能

**準備物**
おもちゃを作る際の材料

## 指導計画

第一時　作ったことのあるおもちゃを出し合う。学習課題を知り、範読を聞く。

第二時　音読をする。分かりやすく説明するための工夫を読み取る。（シート①）

第三時　繰り返し音読し、分かりやすく説明するための工夫を確認する。

第四時　例文を読み『馬のおもちゃの作り方』と似ているところを考える。（シート①）例文を視写し、書き方を覚える。（シート②）

第五時　作り方を説明するおもちゃを決める。（シート③）

第六、七時　制作過程の写真を撮ったり、作文を書いたりする。（シート④）

第八時　発表会をする。

## 各時間の指導略案（主な指示・発問・説明）

**第二時**

(1)シート①を配布する。
(2)「教科書を音読しなさい。読んだら○を一つぬります。」
(3)「四つのまとまりで書かれています。最初は前書きです。あと三つは何でしょうか。」
(4)「おもちゃの作り方を分かりやすく説明するために、どんな書き方の工夫をしているでしょうか。」

**第四時**

(1)シート①を配布する。
(2)作文を音読させる。
(3)「『馬のおもちゃの作り方』と似ているところはどこですか。」
(4)シート②を配布する。
(5)「視写をして、書き方を覚えなさい。」

**第五時**

(1)シート③を配布する。
(2)「これまでに、生活科や図工で、どんなおもちゃを作ってきましたか。」
(3)「自分が何のおもちゃの作り方を説明するのか、決めましょう。」
(4)「必要な道具や材料、作り方を書きましょう。」

## 「解答モデル（解答例）」

### 馬のおもちゃの作り方

**シート①**

(1)略
(2)①前書き　②ざいりょうとどうぐ　③作り方　④楽しみ方
(3)・「まず」など、じゅんじょをあらわすことばがあって、分かりやすい。
・○センチメートルなど数字が書かれているので、正しい大きさで作れる。
・文しょうのすぐ近くにしゃしんがあるので、分かりやすい。
・「〜ましょう。」「〜ですね。」のように、話しかけるような文しょうの書き方をしている。

### おもちゃの作り方をせつめいしよう

**シート①**

(1)・「はじめに」「つぎに」など、じゅんじょをあらわすことばをつかっている。
・〈ざいりょうとどうぐ〉などのないように分けて書いている。など

**シート②**略

**シート③**

(1)・紙コップロケット
・ぶんぶんごま
・どんぐりごま　など
(2)（例）紙コップロケット
(3)[1]紙コップ　色紙　わゴム
[2]はさみ　のり　カラーペン
(4)略

**シート④**略

**ICT活用**

写真機能を活用する。シート④で決めたおもちゃを制作する際に、途中の経過を写真で撮らせる。発表会をする際に、その写真を見せながら説明をさせる。写真は多く撮ってもよいが、説明する際に使うのは四枚とする。シート④で四コマ漫画を描かせているので、その場面に合った写真を使わせる。可能であれば、スライドなどに、使う写真を貼らせておくと、スムーズに発表が進む。

# 馬のおもちゃの作り方①

名前（　　　　）

**『馬のおもちゃの作り方』を音読しましょう。また、分かりやすくせつめいするためのくふうを考えましょう。**

(1) 『馬のおもちゃの作り方』を音読しましょう。一回読んだら、○を一つぬりましょう。

① ② ③ ④ ⑤ ⑥ ⑦ ⑧ ⑨ ⑩

(2) 文しょうは、四つのまとまりで書かれています。それぞれ、どんなことが書かれているでしょうか。うすい文字は、なぞりましょう。

| まとまり | 書かれていること |
| --- | --- |
| ① | 前書き |
| ② | |
| ③ | |
| ④ | |

(3) 分かりやすくせつめいするために、どんなくふうをしているでしょうか。〈れい〉のように、かじょう書きしましょう。

〈れい〉・しゃしんを入れて、作り方が分かるようにしている。

おもちゃの作り方をせつめいしよう①

名前（　　　　）

**おもちゃの作り方をせつめいする文しょうを読みましょう。『馬のおもちゃの作り方』とくらべ、書き方がにているところを考えましょう。**

（何について書くのか、せつめいします。）

（ざいりょうとどうぐを書きます。）

（作り方を書きます。）

（あそび方を書きます。）

紙コップロケットの作り方

ほさか　まさゆき

紙コップをつかった、ロケットの作り方をせつめいします。

〈ざいりょうとどうぐ〉

・紙コップ　二つ　・わゴム　二つ　・のり

・はさみ　・色紙　カラーペン

〈作り方〉

まず、紙コップの下に、同じかんかくになるように、はさみで切りこみを入れます。

つぎに、二本のわゴムをむすんで、コップの切りこみに、十字になるようにかけます。

それから、色紙を、羽の形になるように切ります。それを、紙コップにはりつけます。

さいごに、カラーペンで、もようをかいたらできあがりです。

〈あそび方〉

もう一つの紙コップに、かさねて、手をはなしましょう。だれがいちばん高くとばせるのかきょうそうすると楽しいですよ。

200

400

(1) 『馬のおもちゃの作り方』と書き方がにているところを書きましょう。

(2) 次のワークシートに書きうつして、書き方をおぼえましょう。

# おもちゃの作り方をせつめいしよう②

名前（　　　　）

**紙コップロケットの作り方が書かれた文しょうを書きうつして、書き方をおぼえましょう。**

何について書くのか、せつめいします。

ざいりょうとどうぐを書きます。

作り方を書きます。

あそび方を書きます。

紙コップロケットの作り方

ほさか　まさゆき

紙コップを

〈ざいりょうとどうぐ〉

・紙コップ二つ・

・

〈作り方〉

まず、

つぎに、

それから、

さいごに、

〈あそび方〉

もう

400

200

つぎは、何のおもちゃの作り方を書くのか、きめましょう。

おもちゃの作り方をせつめいしよう③

名前（　　　　）

**何のおもちゃの作り方をせつめいする文しょうを書くのか、きめましょう。**

(1) これまでに図工や生活科で作ったおもちゃを、かじょう書きしましょう。

(2) 何のおもちゃの作り方をせつめいするのか、書きましょう。

(3) (2)でえらんだおもちゃを作るときに、ひつようなざいりょうやどうぐを書きましょう。

1 ざいりょう

2 どうぐ

(4) 作り方を四コマまんがでかきましょう。

## おもちゃの作り方をせつめいしよう④

名前（　　　　）

**おもちゃを作って、とちゅうのようすをしゃしんにとりましょう。また、作文を書いたあと、はっぴょう会をしましょう。**

(1) 前のシートできめた、おもちゃを作りましょう。パソコンやタブレットをつかって、〈れい〉をさんこうに、作っているとちゅうのようすをしゃしんでとりましょう。

〈れい〉

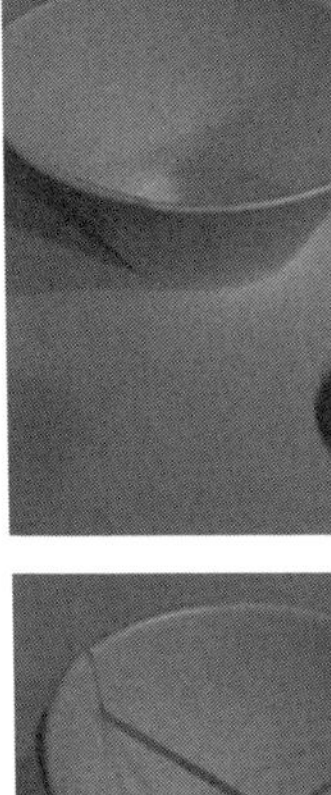

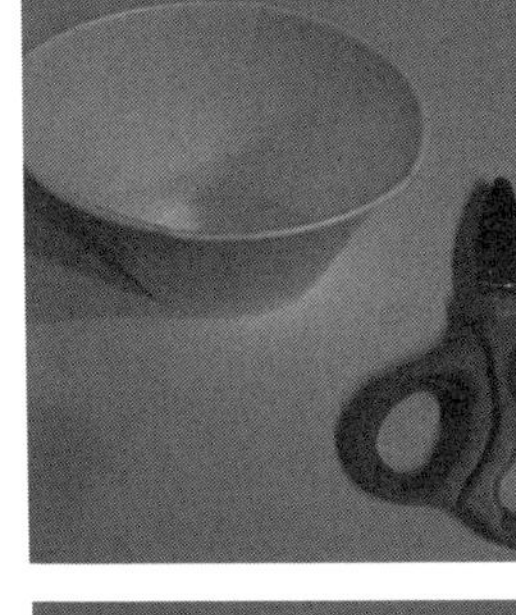

(2) シート①②をさんこうに、作文を書きましょう。

(3) 「おもちゃの作り方」のはっぴょう会をしましょう。

### はっぴょう会のしかた

①四人のグループをつくりましょう。

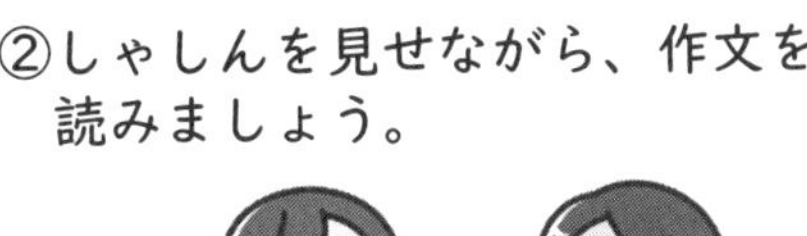

②しゃしんを見せながら、作文を読みましょう。

③くふうしていると思ったことをつたえ合いましょう。

〈2年〉

# おにごっこ

もりした　はるみ／文　かわむら　おさむ／絵

七時間計画

**ICT活用**
調べ学習
スライドにまとめる

**準備物**
教科書に例示されている本

## 指導計画

第一時　いろいろなおにごっこの仕方や、好きな遊びについて出し合う。遊びについて書かれている本を読み、関心を高める。
第二時　段落分けを行い、問いと答えの文を探す。（シート①）
第三時　遊び方やおもしろさについてまとめる。（シート②）
第四時　他にどんな遊び方の工夫ができるのか、考える。
第五、六時　世界の遊びについて調べ、まとめる。（シート③）
第七時　調べたことを発表する。

## 各時間の指導略案（主な指示・発問・説明）

### 第二時

(1)シート①を配布する。
(2)「教科書を音読しなさい。読んだら○を一つぬります。」
(3)「段落ごとに番号を書きなさい。」
(4)「問いの文は、第何段落に書かれていますか。」
(5)「問いの文を、二文探して書きなさい。」
(6)「答えの文は、第何段落に書かれていますか。」
(7)「答えの文を、二文探して書きなさい。」

### 第三時

(1)「第二段落で、遊び方が書かれているところに、線を引きなさい。」
(2)シート②を配布する。
(3)「第二段落で、その遊び方の面白さが書かれているところに、波線を引きなさい。」
(4)（発表させたのち）「表に書き込みなさい。」
以下、同様に指導していく。先にすべて線を引かせ、表にまとめさせてもよい。

### 第四時

(1)シート③を配布する。
(2)「世界には、どんな遊びがあるのか調べましょう。」
ヤフーキッズ「世界　遊び」で検索すると、調べ学習に役立つサイトが出てくる。
(3)シートやスライドにまとめさせる。

## 「解答モデル（解答例）」

### シート①

(1)略
(2)六だんらく
(3)どうぐがなくても、みんなでできるあそび。
(4)[1]だい一だんらく
[2]①どんなあそび方があるのでしょう。
②なぜ、そのようなあそび方をするのでしょう。
[3]だい六だんらく
[4]①このように、おにごっこには、さまざまなあそび方があります。
②おにになった人も、にげる人も、みんなが楽しめるように、くふうされてきたのです。

### シート②

| だんらく | 2 | 3 | 4 | 5 |
|---|---|---|---|---|
| あそび方 | にげてはいけないところをきめる。 | にげる人だけが入れるところを作ったり、つかまらないときをきめたりする。 | おにが交代せずに、つかまった人が、みんなおにになっておいかける。 | おにになった人は、みんな手をつないでおいかける。 |
| あそび方のおもしろさ | おには、にげる人をつかまえやすくなる。 | にげる人がかんたんにはつかまらないようになる。そして、つかれた人も、走るのがにがてな人も、すぐにはつかまらずに、あそぶことができる。 | おには、にげる人をつかまえやすくなる。また、にげる人は、にげるところをくふうしたり、じょうずに走ったりしなければならない。どきどきすることもふえて、おにごっこがもっとおもしろくなる。 | おには、力をあわせておいかけるという楽しさがくわわる。にげる人は、おにがふえるにつれて、つかまりにくくなる。 |

### シート③略

### ICT活用

シート③の調べ学習で活用する。

ヤフーキッズにはソフトキーボード機能があり、文字入力が容易にできる。「ひらひらのひらひらめがね」というサイトは、URLを入れるとひらがな表示にしてくれる。

また、スライドを活用して調べたことをまとめさせてもよい。手書き入力を活用し、写真やイラストを入れれば、簡単なプレゼンテーションを作ることができる。

# おにごっこ①

名前（　　　　）

**『おにごっこ』を音読しましょう。また、「とい」と「答え」の文をさがしましょう。**

(1) 『おにごっこ』を音読しましょう。一回読んだら、○を一つぬりましょう。

①②③④⑤⑥⑦⑧⑨⑩

(2) 『おにごっこ』は、ぜんぶで何だんらくでしょうか。

（　　）だんらく

(3) 「おにごっこ」はどんなあそびですか。だい一だんらくからさがして、書きましょう。うすい文字は、なぞりましょう。

おにごっこは、

あそび。

(4) 『おにごっこ』の、「とい」と「答え」の文をさがしましょう。

1 「とい」の文は、だい何だんらくに書かれていますか。

だい（　　）だんらく

2 「とい」の文を二文書きましょう。

①

②

3 「答え」の文は、だい何だんらくに書かれていますか。

だい（　　）だんらく

4 2で書いた「とい」の文にたいする「答え」の文を書きましょう。

①

②

# おにごっこ②

名前（　　　　）

**『おにごっこ』に書かれているあそび方などをまとめましょう。**

(1) 『おにごっこ』には、どんなあそび方が出てきましたか。また、そのあそび方には、どんなおもしろさがあるでしょう。だんらくごとにまとめましょう。

| だんらく | 2 | 3 | 4 | 5 |
| --- | --- | --- | --- | --- |
| あそび方 | | | | |
| あそび方のおもしろさ | | | | |

# おにごっこ③

名前（　　　　　　　　　　）

## せかいの子どもたちのあそびについて、しらべましょう。

(1) せかいの子どもたちは、どのようなあそびをしているのでしょうか。本やインターネットでしらべましょう。しらべたことを〈れい〉のようにまとめましょう。

〈ワークシートにまとめたれい〉

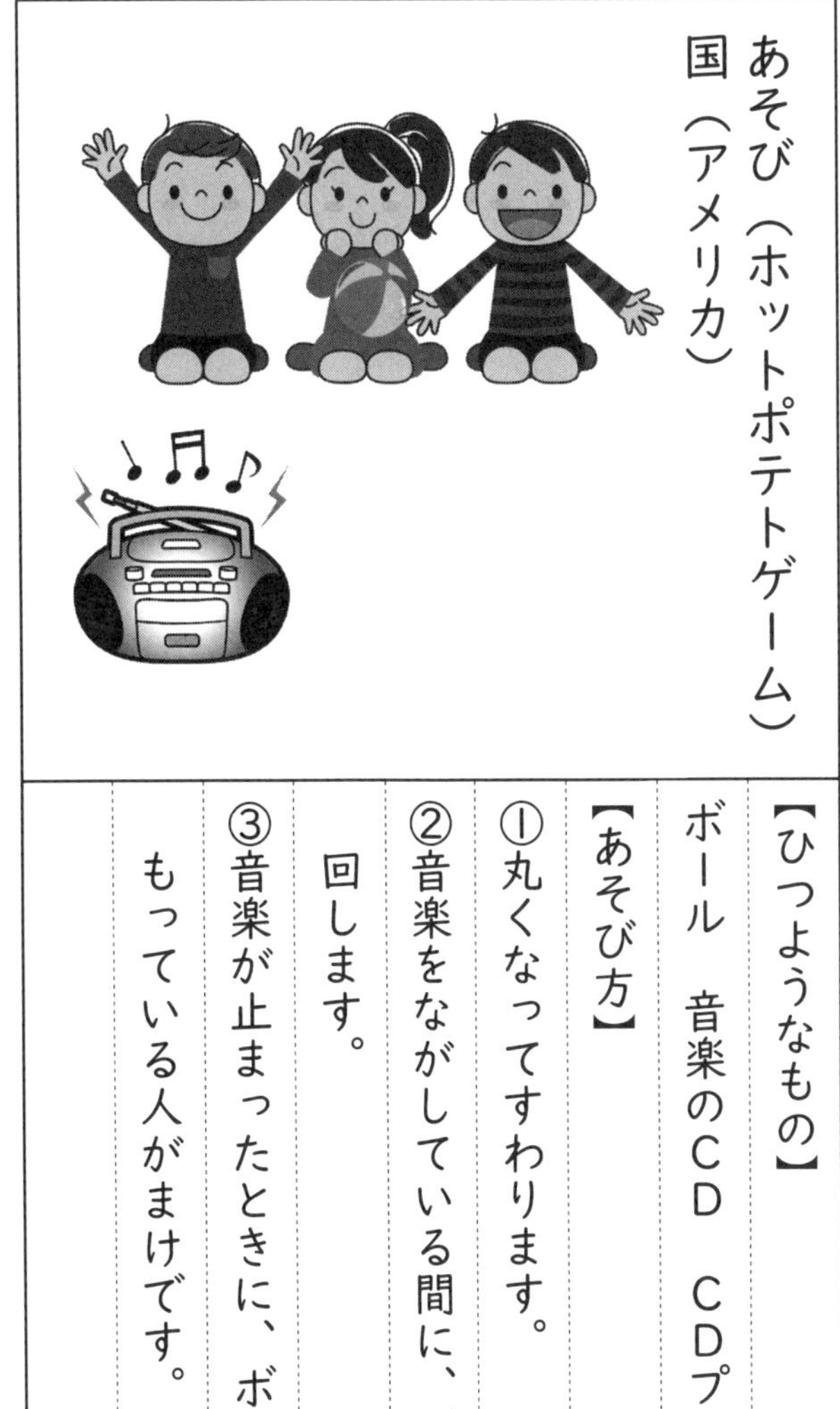
あそび（ホットポテトゲーム）
国（アメリカ）

【ひつようなもの】
ボール　音楽のCD　CDプレイヤー
【あそび方】
①丸くなってすわります。
②音楽をながしている間に、ボールを回します。
③音楽が止まったときに、ボールをもっている人がまけです。

〈スライドにまとめたれい〉

あそび（ホットポテトゲーム）
国（アメリカ）

【ひつようなもの】
ボール　音楽のCD　CDプレイヤー
【あそび方】
①丸くなってすわります。
②音楽をながしている間に、ボールを
　回します。
③音楽が止まったときに、ボールを
　もっている人がまけです。

# こまを楽しむ　七時間計画

安藤正樹

**ICT活用**
調べ学習
お絵かきソフト

**準備物**
画用紙
（シート③で使用）

## 指導計画

第一時　こまについて知っていることを出し合い、関心を高める。学習課題を知り、範読を聞く。
第二時　音読と意味調べをする。
第三時　段落分けをして、問いの文を探す。世界のこまについて調べる。（シート①）
第四時　問いに対する答えを考える。（シート②）
第五、六時　一番遊んでみたいこまを考える。新たなこまを考える。（シート③）
第七時　発表会をする。

## 各時間の指導略案（主な指示・発問・説明）

### 第三時

(1)シート①を配布する。
(2)「『こまを楽しむ』は全部で何段落ですか。」
(3)「問いの文が書かれているのは何段落ですか。」
(4)「問いの文を書きなさい。」
(5)「初め、中、終わりに分けなさい。」
(6)「世界にはどんなこまがあるのか調べなさい。」

### 第四時

(1)「第二段落で『どんなこまがあるのか』に対しては直線、『どんな楽しみ方があるのか』に対しては波線を引きなさい。」
(2)同様に、第三段落以降も線を引かせていく。
(3)シート②を配布する。
(4)「線を引いたところを、表にまとめなさい。」
(5)「第八段落、内容をまとめるときに使う言葉を、五文字で探しなさい。」
(6)「こまを二つの観点で分けなさい。」

### 第五、六時

(1)シート③を配布する。
(2)「『こまを楽しむ』で出てきたこまの中で、いちばん遊んでみたいこまを選びなさい。」
(3)「理由を〈例〉を参考に書きなさい。」
(4)「今まで誰も考えたことのないようなオリジナルのこまを考えて描きなさい。」

## 解答モデル（解答例）

### シート①

(1)八段落
(2)第一段落
(3)では、どんなこまがあるのでしょう。
また、どんな楽しみ方ができるのでしょう。
(4)はじめ…①
中……②③④⑤⑥⑦
おわり…⑧
(5)むち（鞭）こま（中国）など

### シート②

(1)

| 段落 | どんなこまがあるのでしょう。 | どんな楽しみ方ができるのでしょう。 |
|---|---|---|
| 2 | 色がわりごま | 回っているときの色を楽しむ。 |
| 3 | 鳴りごま | 回っているときの音を楽しむ。 |
| 4 | さか立ちごま | とちゅうから回り方がかわり、その動きを楽しむ。 |
| 5 | たたきごま | たたいて回しつづけることを楽しむ。 |
| 6 | 曲ごま | おどろくような所で回して、見る人を楽しませる。 |
| 7 | ずぐり | 雪の上で回して楽しむ。 |

(2)①このように
②回る様子…色がわりごま　鳴りごま
さか立ちごま
回し方……たたきごま　曲ごま　ずぐり

### シート③

(1)いちばん遊びたいこま…（例）ずぐり
理由…雪の上で回るこまを見たことがないからです。どのぐらいのスピードで回るのか、知りたいです。
(2)略

### ICT活用

シート①で調べ学習をする。「世界　こま」で検索すると、世界の様々なこまを調べることができる。また、こまを回している動画はたくさんあるので、必要に応じて視聴させるとよい。また、イヤホンを持たせておくと、動画を見る際に便利である。

シート③では、オリジナルのこまを考える。シートでは「画用紙にかこう」となっているが、お絵かきソフトを使ってもよい。発表会では、描いたものを見せながら作品を紹介する。

# こまを楽しむ①

名前（　　　　　　）

**文章の組み立てについて考えましょう。**

(1) 『こまを楽しむ』は、全部で何段落でしょうか。

（　　）段落

(2) 「問い」が書かれているのは、第何段落でしょうか。

第（　　）段落

(3) 『こまを楽しむ』には、問いが二つ書かれています。(2)で書いた段落から書きぬきましょう。

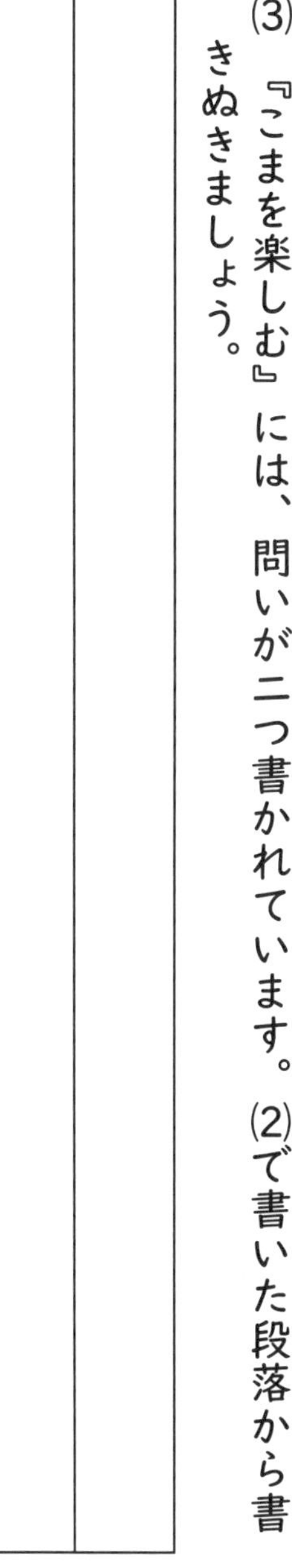

(4) 『こまを楽しむ』を、「はじめ」「中」「おわり」に分けましょう。くうらんに段落番号を書きましょう。

| | 段落 | 書かれていること |
|---|---|---|
| はじめ | | 「問い」 |
| 中 | | 「問い」に対する「答え」 |
| おわり | | 全体のまとめ |

(5) 第一段落に「こまを回して遊ぶことは、昔から世界中で行われてきました。」とあります。
　世界には、どんなこまがあるのでしょうか。インターネットで調べましょう。また、気に入ったこまを一つえらび、絵でかきましょう。

こま　世界　検索

気に入ったこま

（　　　　　　）←国の名前

# こまを楽しむ②

名前（　　　　）

## 「問い」に対する答えを考えましょう。

(1) 第二段落から第七段落で、「問い」に対する答えを書きましょう。うすい文字は、なぞりましょう。

| 段落 | どんなこまがあるのでしょう。 | どんな楽しみ方ができるのでしょう。 |
|---|---|---|
| 2 | 色がわりごま | 回っているときの色を楽しむ。 |
| 3 | | |
| 4 | | |
| 5 | | |
| 6 | | |
| 7 | | |

(2) 第八段落に書かれていることについて考えましょう。

1 これまで書かれてきたことをまとめるときに使う言葉を、五文字で書きぬきましょう。

|　|　|　|　|　|
|---|---|---|---|---|

2 「回る様子や回し方でさまざまな楽しみ方のできるこまをたくさん生み出してきたのです。」とあります。1で書いたこまを「回す様子を楽しむこま」と「回し方を楽しむこま」に分けましょう。うすい文字は、なぞりましょう。

| 回る様子 | 色がわりごま |
|---|---|
| 回し方 | |

# こまを楽しむ③

名前（　　　　）

**どのこまで遊んでみたいか考えましょう。また、オリジナルのこまを考えて、発表会をしましょう。**

(1)『こまを楽しむ』に出てきた六つのこまの中から、いちばん遊んでみたいものをえらび、理由とあわせて書きましょう。

いちばん遊びたいこま

理由

(2) だれも考えたことのないような「おもしろい回り方」「おもしろい回し方」をするこまを考えましょう。

## オリジナルのこまを考えよう

1 画用紙の表面に、オリジナルのこまの絵をかこう。

〈例〉水の上で回すこま

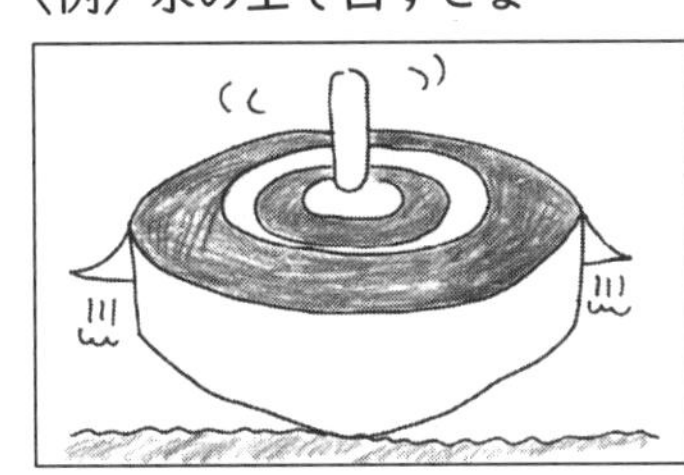

2 画用紙のうら面に、こまのせつめいを書こう。

〈例〉ぼくが考えたこまは、水の上で回すこまです。こまを回すと、回転するいきおいで、下向きに風が出てきます。その風によって、こまが水面にうき、水の上でも回すことができるのです。ただ、大きな風を起こさなければならないので、回すときに力がひつようです。

3 発表会をしよう。

〈3年〉

# すがたをかえる大豆　食べ物のひみつを教えます

国分牧衛

## 九時間計画

**ICT活用**
調べ学習
スライド
文書ソフト

**準備物**
教科書に例示されている本

## 指導計画

第一、二時　大豆から作られる食べ物を考える。範読を聞く。大豆から作られる食べ物を調べる。音読をする。（シート①）
第三時　文章の組み立てと、問いの文を考える。（シート②）
第四時　大豆をおいしく食べる工夫を読み取る。（シート③）
第五、六時　食材を決めて、おいしく食べる工夫を調べる。（シート①）
第七、八時　説明文を書く。（シート②）
第九時　作文を発表する。

### 各時間の指導略案（主な指示・発問・説明）

**第一、二時**
(1)シート①を配布する。
(2)「大豆から作られる食品を書きなさい。」
(3)「教科書には、どんな食べ物が書かれているのか確かめます（範読する）。」
(4)「大豆から作られている食品を、本やインターネットで調べなさい。」

**第三時**
(1)シート②を配布する。
(2)「『すがたをかえる大豆』は全部で何段落ですか。」
(3)「問いの文が書かれていません。入れるとしたら、どこに入りますか。」
(4)「どんな問いの文になりますか。」
(5)「食品に手を加えるときの言葉の意味を調べなさい。」

**第四時**
(1)シート③を配布する。
(2)「各段落に書かれている、大豆をおいしく食べる工夫と、食品の例を読み取りなさい。」
(3)「説明の仕方の工夫を書きなさい。」

**第五、六時**
(1)シート①を配布する。
(2)「調べる食材を一つ決めなさい。」
(3)「本やインターネットで調べなさい。」
(4)「作文で書く工夫を、三つ選びなさい。」

### 「解答モデル（解答例）」
### 〈すがたをかえる大豆〉

**シート①**
(1)みそ、しょうゆ、おから　など
(2)略
(3)ゆば　豆乳　こおりどうふ　など

**シート②**
(1)八段落
(2)はじめ…①②
中……③④⑤⑥⑦
終わり…⑧
(3)どこに入れるのか…第二段落の最後
入れる問いの文…では、どのようなくふうをしてきたのでしょうか。
(4)

| 言葉 | 意味 |
|---|---|
| いる | なべなどに食ざいを入れ、水分がなくなるまでかねつすること。 |
| にる | 水の中に食ざいを入れ、ねつを通す。 |
| ひく | 切ったりけずったりする。つぶす。 |
| ひたす | えき体の中に入れる。 |
| する | 細かくくだく。 |
| むす | ゆげを当てて、ねつを通す。 |
| ゆでる | ねっとうに入れて、にる。 |

**シート③**
(1)

| 段落 | おいしく食べるくふう | 食品 |
|---|---|---|
| 3 | その形のままいったり、にたりして、やわらかくする。 | 豆まきに使う豆　に豆 |
| 4 | こなにひいて食べる。 | きなこ |
| 5 | 大切なえいようだけを取り出して、ちがう食品にする。 | とうふ |
| 6 | 目に見えない小さな生物の力をかりて、ちがう食品にする。 | なっとう　みそ　しょうゆ |
| 7 | とり入れる時期や育て方をくふうする。 | えだ豆　もやし |

(2)

| | |
|---|---|
| 具体れいをあげるじゅんばん | くふうがかんたんなものからむずかしいもののじゅんにあげられていて、内容が理解しやすくなっている。 |
| 写真の使い方 | せつめいしている文章のすぐ近くにあるので、具体的に物がイメージしやすくなっている。 |
| 言葉の使い方 | 「なんだか分かりますか」など問いかけるような文があり、きょうみを引くようになっている。<br>「次に」「また」などじゅんじょを表す言葉が使われていて、段落のつながりが分かりやすくなっている。 |

解答編に続く

**ICT活用**
シート②で作文をする際に、文書ソフトやスライドにまとめてもよいことにする。方法を選択させ、自分に合った方法でまとめさせる。

# すがたをかえる大豆①

名前（　　　）

**大豆がすがたをかえた食品を考えましょう。**

(1) 大豆からできている食品を考えて、〈例〉のように書きましょう。

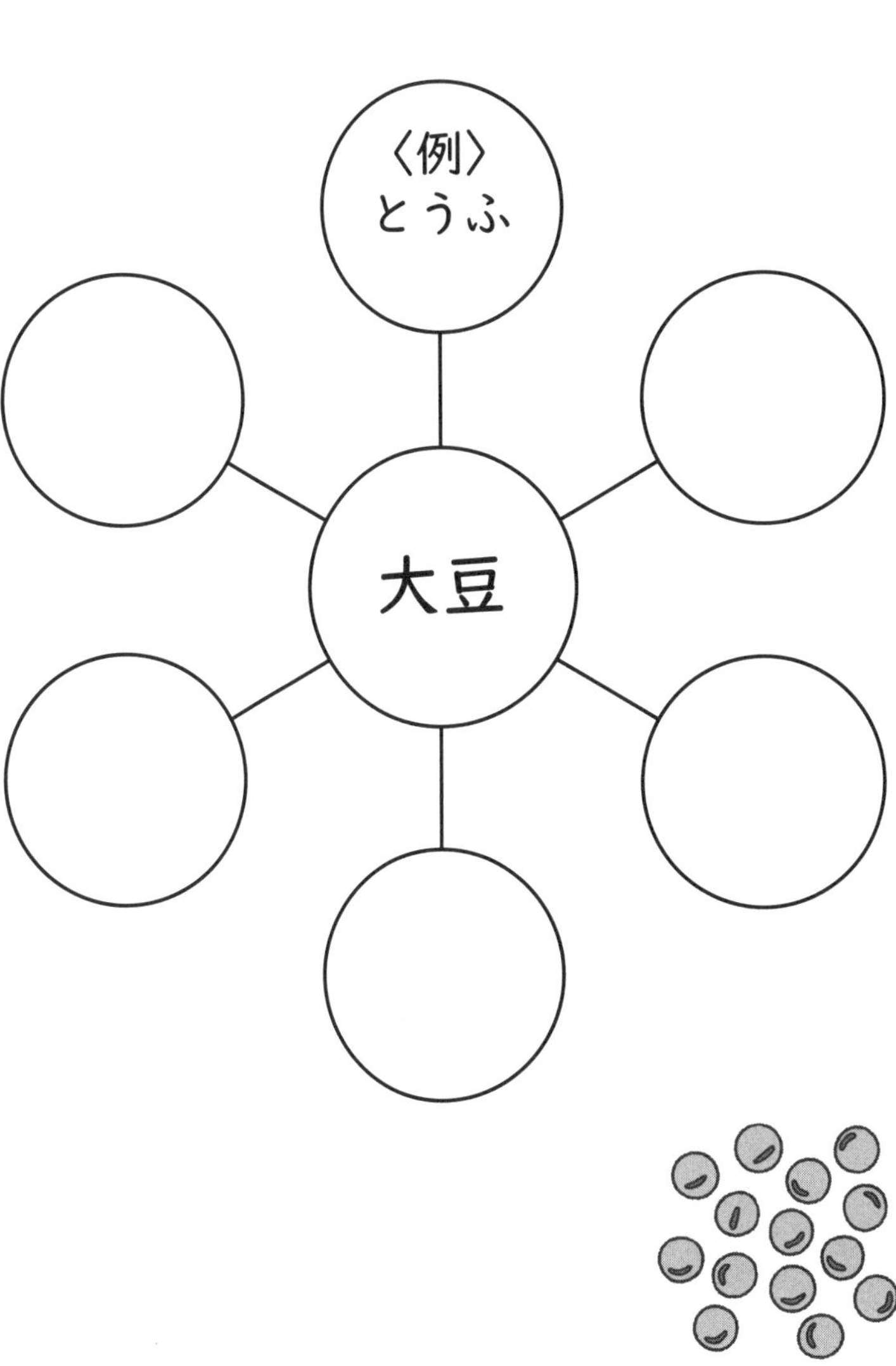


(2) 教科書を読み、どのような「大豆がすがたをかえた食品」があげられているのか、読み取りましょう。

(3) 教科書に書かれていたもののほかにも「大豆がすがたをかえた食品」は、たくさんあります。インターネットで調べて書きましょう。

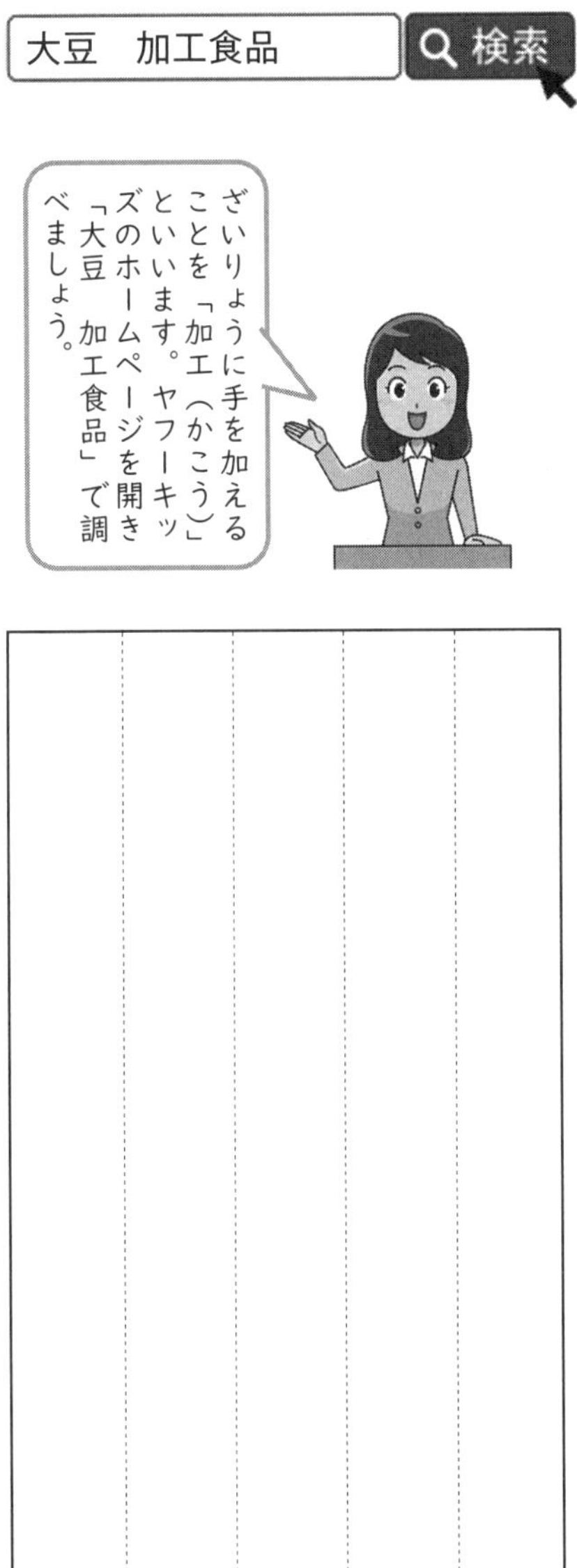

# すがたをかえる大豆②

名前（　　　　）

## 文章の組み立てと、「問い」の文について考えましょう。

(1) 『すがたをかえる大豆』は、全部で何段落でしょうか。

（　　）段落

(2) 『すがたをかえる大豆』を、「はじめ」「中」「終わり」に分けましょう。くうらんに段落番号を書きましょう。

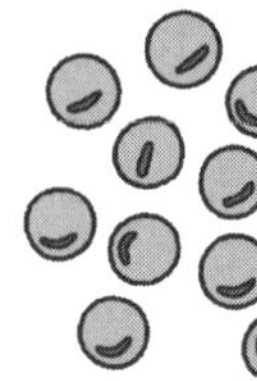

| | 段落 | 書かれていること |
|---|---|---|
| はじめ | | 話題提示（わだいていじ） |
| 中 | | 具体れい |
| 終わり | | まとめ |

(3) 『すがたをかえる大豆』には、「問い」の文がありません。「問い」を入れるとしたら、どこに、どのような文を入れますか。

どこに入れるのか

入れる「問い」の文

(4) 『すがたをかえる大豆』には、大豆を加工（かこう）するときの言葉がいくつか出てきます。言葉の意味を国語辞典（じてん）やインターネットで調べましょう。

| 言葉 | 意味 |
|---|---|
| いる | |
| にる | |
| ひく | |
| ひたす | |
| する | |
| むす | |
| ゆでる | |

# すがたをかえる大豆③

名前（　　　　　　　）

**大豆をおいしく食べるためのくふうを読み取りましょう。**

(1) 第三段落から第七段落で、大豆をおいしく食べるくふうと、どんな食品になっているのかを読み取り、表にまとめましょう。

| 段落 | おいしく食べるくふう | 食品 |
|---|---|---|
| 3 | | |
| 4 | | |
| 5 | | |
| 6 | | |
| 7 | | |

(2) 筆者のせつめいのしかたには、どのようなくふうがありますか。次のことから考えて書きましょう。

| 具体れいをあげるじゅんばん | |
|---|---|
| 写真の使い方 | |
| 言葉の使い方 | |

# 食べ物のひみつを教えます①

名前（　　　　）

## せつめい文の題ざいを決めましょう。

(1) 次のざいりょうは、いろいろな食品にすがたをかえて、食べられています。どのざいりょうについて調べ、作文に書くのか考えましょう。

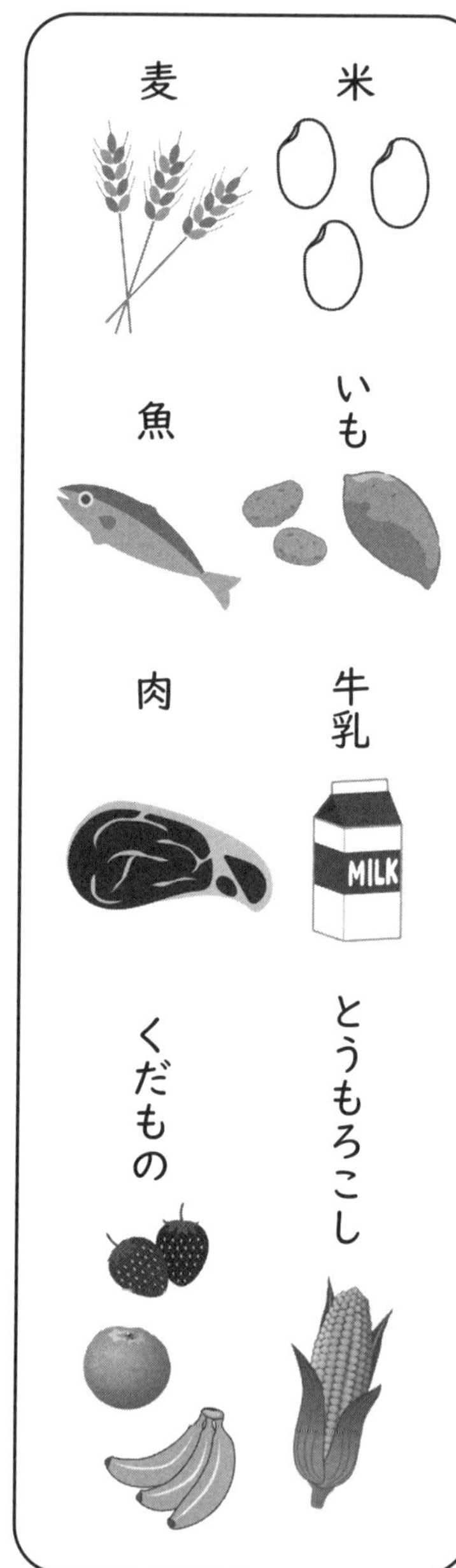


えらんだざいりょう

（　　　　）

(2) えらんだざいりょうをおいしく食べるくふうや食品のれいを、本やインターネットで調べて、表にまとめましょう。

| おいしく食べるくふう | 食品 |
|---|---|
| | |
| | |
| | |
| | |
| | |
| | |

(3) (2)で書いた中から、おいしく食べるくふうを三つえらびましょう。次回、作文を書くときに使います。

| |
|---|
| |
| |
| |

# 食べ物のひみつを教えます②

名前（　　　　　　）

**せつめい文を書きましょう。**

次の三つの方法の中から一つえらんで、せつめい文を書きましょう。

〈れい１〉ノートやげんこう用紙に書く

いろいろなすがたになるいも

ほさか　まさゆき

　いもには、いろいろな食べ方のくふうがあります。

　まず、そのままゆでて食べるくふうがあります。ふっとうしたおゆで、しばらくゆでると、ゆでいもになります。

　次に、あげて食べるくふうがあります。うすく切って油であげると、ポテトチップスになります。

　さらに、いもにふくまれる大切なえいようだけを取り出して、ちがう食品にするくふうもあります。いもをすりつぶし、でんぷんだけを取り出すと、かたくりこになります。

　このように、いもは、くふうされて、いろいろなすがたになって食べられているのです。

〈れい２〉文書ソフトを使って書く

いろいろなすがたになるいも

ほさか　まさゆき

　いもには、いろいろな食べ方のくふうがあります。

　まず、そのままゆでて食べるくふうがあります。ふっとうしたおゆで、しばらくゆでると、ゆでいもになります。

　次に、あげて食べるくふうがあります。うすく切って、油であげると、ポテトチップスになります。

　さらに、いもにふくまれる大切なえいようだけを取り出して、ちがう食品にするくふうもあります。いもをすりつぶし、でんぷんだけを取り出すと、かたくりこになります。

　このように、いもは、くふうされて、いろいろなすがたになって食べられているのです。

〈れい３〉スライドを使って書く

いろいろなすがたになるいも
ほさか　まさゆき

　いもには、いろいろな食べ方のくふうがあります。

　まず、そのままゆでて食べるくふうがあります。ふっとうしたおゆで、しばらくゆでると、ゆでいもになります。

　次に、あげて食べるくふうがあります。うすく切って、油であげると、ポテトチップスになります。

　さらに、いもにふくまれる大切なえいようだけを取り出して、ちがう食品にするくふうもあります。いもをすりつぶし、でんぷんだけを取り出すと、かたくりこになります

　このように、いもは、くふうされて、いろいろなすがたになって食べられているのです。

# ありの行列

大滝哲也／文　安田尚樹／絵

## 七時間計画

ICT活用
調べ学習
スライド

準備物
特になし

## 指導計画

第一時　ありや、ありの行列について、知っていることを出し合う。範読を聞く。学習課題を知る。
第二時　文章の組み立てと「問い」「答え」の文を考える。（シート①）
第三、四時　段落ごとに書かれている内容を考える。（シート②）
第五、六時　『ありの行列』を読んだ感想を書く。興味のある虫について調べる。（シート③）
第七時　発表会をする。

### 各時間の指導略案（主な指示・発問・説明）

**第二時**

(1)シート①を配布する。
(2)「教科書に段落番号を書きなさい。いくつの段落で構成されていますか。」
(3)「文章全体の『問い』は第何段落に書かれていますか。また、その文を書き抜きなさい。」
(4)「『問い』の文に対する答えは、第何段落に書かれていますか。また、その文を書き抜きなさい。」
(5)「日本にいるありについて、インターネットで調べなさい。」

**第三、四時**

(1)「第一段落からキーセンテンスを選び、線を引きなさい。」
(2)発表させ、答えを確認した後、二、三、四段落までは、全体で答えを確認しながら、一段落ずつ考えさせる。
(3)「残りの段落もキーセンテンスを選び、線を引きなさい。」
(4)シート②を配布する。
(5)「キーセンテンスを表にまとめなさい。」

**第五、六時**

(1)シート③を配布する。
(2)「『ありの行列』を読んだ感想を、〈例〉を参考に書きなさい。」
(3)グループで発表させる。
(4)「興味のある虫について調べなさい。」

### 「解答モデル（解答例）」

**シート①**

(1)九段落
(2)はじめ…①
中……②③④⑤⑥⑦⑧
終わり…⑨
(3)第一段落
それなのに、なぜ、ありの行列ができるのでしょうか。
(4)第九段落
このように、においをたどって、えさの所へ行ったり、巣に帰ったりするので、ありの行列ができるというわけです。
(5)（例）ヒメアリ　体長　一・五㎜。石の下などでよく見られる。西日本ではもっともいっぱんてきなあり。

**シート②**

1それなのに、なぜ、ありの行列ができるのでしょうか。

2アメリカに、ウイルソンという学者がいます。

3はじめに、ありの巣から少しはなれた所に、ひとつまみのさとうをおきました。

4次に、この道すじに大きな石をおいて、ありの行く手をさえぎってみました。

5これらのかんさつから、ウイルソンは、はたらきありが、地面に何か道しるべになるものをつけておいたのではないか、と考えました。

6そこで、ウイルソンは、はたらきありの体の仕組みを、細かに研究してみました。

7この研究から、ウイルソンは、ありの行列のできるわけを知ることができました。

8はたらきありは、えさを見つけると、道しるべとして地面にこのえきをつけながら帰るのです。

9このように、においをたどってえさの所へ行ったり、巣に帰ったりするので、ありの行列ができるというわけです。

**シート③**

(1)例文のように書く
(2)略

**ICT活用**

シート①で調べ学習をさせる。検索ワードはシートに書いてある。また、シート③でも調べ学習をさせる。画用紙やスライドにまとめさせ、発表させる。どちらのまとめ方にするのかは、児童に選択させる。デジタル教科書には様々な動画があるので、必要に応じて視聴させる。

# ありの行列①

名前（　　　　）

**文章の組み立てと「問い」「答え」の文について考えましょう。**

(1) 『ありの行列』は、全部で何段落でしょうか。

（　　）段落

(2) 『ありの行列』を「はじめ」「中」「終わり」に分けましょう。くうらんに段落番号を書きましょう。

|  | 段落 |
| --- | --- |
| はじめ |  |
| 中 |  |
| 終わり |  |

「話題提示」「問い」「ウイルソンの行った実験（じっけん）やかんさつ」「全体のまとめ」などが、どの段落に書かれているのか考えて、分けてみましょう。

(3) 『ありの行列』の文章全体の「問い」は、第何段落に書かれていますか。また、「問い」の文を書きぬきましょう。

第（　　）段落

(4) 「問い」に対する「答え」は第何段落に書かれていますか。また、「答え」の文を書きぬきましょう。

第（　　）段落

(5) 日本にはたくさんのしゅるいのありがいます。なかには、行列をつくらないしゅるいもいます。また、どくをもったありもいます。

ありについて、次のような言葉を使って、インターネットで調べましょう。

あり　種類　🔍検索

- あり
- 食べ物
- 大きさ
- 種類（しゅるい）
- 特徴（とくちょう）
- 巣（す）
- 女王あり
- はたらきあり　など

# ありの行列②

名前（　　　　）

**段落ごとに書かれているないようを読み取りましょう。**

(1) それぞれの段落の中からいちばん大切な一文（キーセンテンス）をえらび、書きましょう。

| 段落 | キーセンテンス |
|---|---|
| 1 | |
| 2 | |
| 3 | |
| 4 | |
| 5 | |
| 6 | |
| 7 | |
| 8 | |
| 9 | |

(2) キーセンテンスを書き出して、気がついたことをグループで話し合いましょう。

すべてのキーセンテンスを書き出したら、小さな声で読んでみましょう。話のないようが分かるでしょうか。

# ありの行列③

名前（　　　　　　　　）

**『ありの行列』の感想文を書きましょう。また、きょうみのある虫について本やインターネットで調べましょう。**

(1) 「きょうみをもったこと」「もっと知りたいこと」を中心にして、〈れい〉をさんこうに『ありの行列』の感想文を書きましょう。

〈れい〉わたしは、『ありの行列』を読んで、～（**きょうみをもったことを書く**〈れい〉ありがおしりのところから、とくべつのえきを出すこと）にきょうみをもちました。それは、（**せつめいを書く**〈れい〉においのある、じょうはつしやすいえき）だそうです。わたしは、～（**もっと知りたいことを書く**〈れい〉行列のとちゅうに水をかけたらどうなるのだろう）と、ぎもんに思いました。～（**調べて分かったことや、予想したことを書く**）。今度、さらにくわしく調べてみたいと思いました。

(2) きょうみのある虫について本やインターネットで調べましょう。みんなが知らないじょうほうをさがして、画用紙やスライドにまとめ、発表しましょう。

〈画用紙にまとめたれい〉

1まい目

2まい目

カマキリには、いろいろなひみつがあります。

どんなひみつがあるのでしょうか。

まず、えものをとらえるはやさです。なんと、0.05びょうで、えものをとらえます。

次に、なかまわけです。バッタににていますが、なんと、ゴキブリやシロアリと同じなかまです。

それから、色のへんかです。カマキリの目は明るいところでは緑色ですが、暗いところでは真っ黒になります。

このように、カマキリにはいろいろなひみつがあるのです。


〈スライドにまとめたれい〉

1まい目

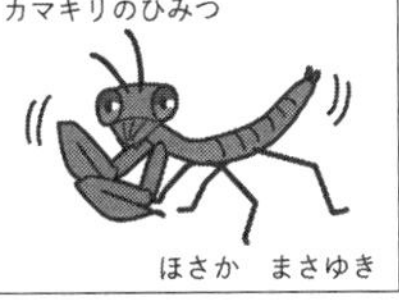


2まい目

カマキリには、いろいろなひみつがあります。

どんなひみつがあるのでしょうか。

3まい目

まず、えものをとらえるはやさです。なんと、0.05びょうで、えものをとらえます。

# アップとルーズで伝える　八時間計画

中谷日出

**ICT活用**
調べ学習スライド

**準備物**
シート④で扱う写真

## 指導計画

第一時　アップとルーズの写真を見て、違いや感じることを話し合う。学習課題を立てる。範読を聞く。
第二時　意味調べをして感想を書く。（シート①）
第三時　筆者の主張を読み取る。（シート②）
第四時　段落ごとに読み取る。（シート③）
第五時　アップとルーズの写真から、分かることをスライドにまとめる。（シート④）
第六時　作ったスライドを発表する。
第七時　アップとルーズのクイズを作る。（シート⑤）
第八時　クイズ大会をする。

## 各時間の指導略案（主な指示・発問・説明）

**第三時**

(1) シート②を配布する。
(2)「段落番号を書きなさい。何段落ですか。」
(3)「書かれている内容に注目して、文章を『初め、中、終わり』に分けなさい。」
(4)「写真を説明している段落と、付けたいタイトルを書きなさい。」
(5)「第三段落から筆者の考えを書きなさい。」
(6)「似たようなことが書かれている段落があります。第何段落ですか。」
(7)「筆者の考えが二度書かれていることで、どんな効果がありますか。」

**第四時**

(1) シート③を配布する。
(2)「段落ごとに内容をまとめなさい。」
(3)「アップとルーズは、どのような写真の撮り方ですか。」
(4)「アップとルーズをどのように説明しているのか、表にまとめなさい。」

**第五時**

(1) シート④を配布する。
(2)「アップとルーズの写真を検索して探したり、自分で撮ったりしなさい。」
(3)「例を参考に、スライドにまとめなさい。」

## 「解答モデル（解答例）」

**シート①**

(1) 略
(2) わたしは、『アップとルーズで伝える』を読み、次のことが分かった。
一つ目は、アップにすると、うつっている人の表情がよく分かるということだ。
二つ目は、ルーズにすると、たくさんの人や物がうつせるということだ。
三つ目は、えいぞうや写真のほかにもアップやルーズがあるということだ。
以上が、わたしが『アップとルーズで伝える』を読んで分かったことである。

**シート②**

(1) 八段落
(2) 初め……①②③
中……④⑤⑥⑦
終わり…⑧
(3)
写真1　①　まもなく後半開始。
写真2　②　後半始めよう。
写真3　④　やった。決めたぞゴール。
写真4　⑤　おうえんありがとう。
写真5　⑥　どのえいぞうがいいかな。
(4) 何かを伝えるときには、このアップとルーズを選んだり、組み合わせたりすることが大切です。
(5) 第八段落
(6) わたしは、筆者の考えが二度書かれていることで、読んでいる人に筆者本人の考えがより伝わるというこうかがあると考える。なぜなら、二度書かれていた方が、読者の頭にのこるからだ。

**シート③**

(1)
1　ルーズの写真から分かること。
2　アップの写真から分かること。
3　一段落と二段落のまとめと筆者の考え。
4　「アップ」で分かることと、分からないこと。
5　「ルーズ」で分かることと、分からないこと。
6　五段落と六段落のまとめとテレビの放送の仕方。
7　新聞のアップとルーズの使い方。
8　全体のまとめと筆者の考え。

解答編に続く

**ICT活用**

シート④で「アップ」と「ルーズ」の写真を撮り、スライドにまとめる。インターネットで検索する方法もある。

# アップとルーズで伝える①

名前（　　　　）

『アップとルーズで伝える』を読んで、分かったことを書きましょう。

(1) 言葉の意味調べをしましょう。うすい文字は、なぞりましょう。

| | 意味 |
|---|---|
| ハーフタイム | 試合時間が決まっているスポーツで、前半と後半を区切る休み時間のこと。 |
| | |
| | |
| | |
| | |

(2) 『アップとルーズで伝える』を読んで分かったことを、〈例〉を参考に書きましょう。

〈例〉わたしは、『アップとルーズで伝える』を読み、次のことが分かった。
一つ目は、～ということだ。
二つ目は、～ということだ。
三つ目は、～ということだ。
以上が、わたしが『アップとルーズで伝える』を読んで分かったことである。

# アップとルーズで伝える②

名前（　　　　）

**文章の組み立てを考え、筆者の考えを読み取りましょう。**

(1) 『アップとルーズで伝える』は、全部で何段落でしょうか。

（　　）段落

(2) 『アップとルーズで伝える』を、「初め」「中」「終わり」に分けましょう。表に段落番号を書きましょう。

| | 段落 |
|---|---|
| 初め | |
| 中 | |
| 終わり | |

(3) それぞれの写真を説明している段落と、写真につけたいタイトルを書きましょう。

| | 段落番号 | 写真につけたいタイトル |
|---|---|---|
| 写真１ | | |
| 写真２ | | |
| 写真３ | | |
| 写真４ | | |
| 写真５ | | |

(4) 第三段落から、筆者の考えが書かれた一文を書きぬきましょう。

(5) (4)で書いた筆者の考えと同じような文があります。第何段落に書かれているでしょうか。

第（　　）段落

(6) 筆者の考えが二度書かれていることで、どのようなこうかがあるでしょうか。〈例〉を参考に書きましょう。

〈例〉わたしは、筆者の考えが二度書かれていることで、〜というこうかがあると考える。なぜなら、〜だ。

# アップとルーズで伝える③

名前（　　　　　　　　）

**段落ごとに、書かれている内容を読み取りましょう。**

(1) それぞれの段落が、主に何について書かれているのか書きましょう。うすい文字は、なぞりましょう。

| | 段落番号 | 書かれている内容（ないよう） |
|---|---|---|
| 初め | 1 | ルーズの写真から分かること。 |
| | 2 | |
| | 3 | |
| 中 | 4 | |
| | 5 | |
| | 6 | |
| | 7 | |
| 終わり | 8 | |

(2) 「アップ」と「ルーズ」は、どのような写真のとり方でしょうか。

**「アップ」**

**「ルーズ」**

(3) 「アップでとった写真」と「ルーズでとった写真」について、どのように説明しているのか表にまとめましょう。

| | アップでとった写真（第四段落） | ルーズでとった写真（第五段落） |
|---|---|---|
| 写真にうつっていること | | |
| 写真から分かること | | |
| 写真から分からないこと | | |

# アップとルーズで伝える④

名前（　　　　　　　　）

**「アップ」と「ルーズ」の写真を使い、その写真から分かることなどをスライドにまとめましょう。**

(1) インターネットでけんさくしたり、自分でさつえいしたりして、「アップ」と「ルーズ」の写真を用意しましょう。

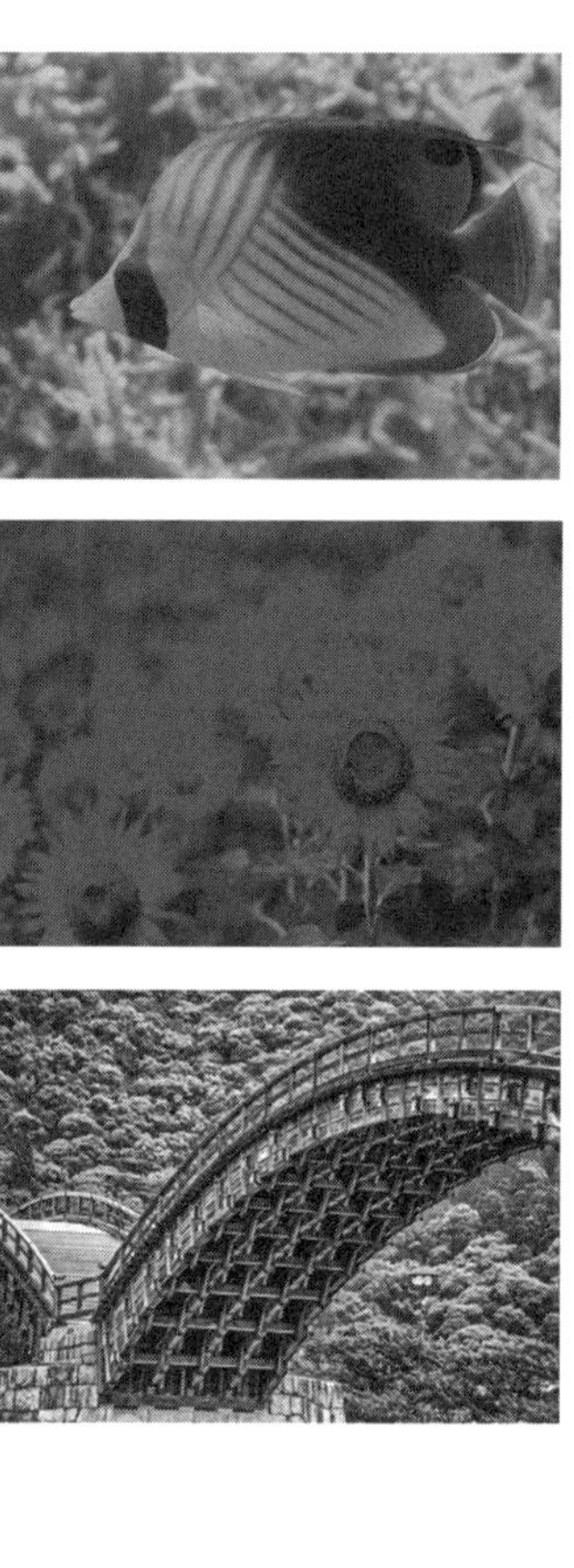

写真は、上から順に水族館、ひまわり畑、橋です。インターネット上の写真を使うときは、著作権に十分注意しましょう。

※著作権（ちょさくけん）
作品を作った人にあたえられるけんりのこと。例えば、だれかのとった写真を、きょかなく勝手に使ってはいけないということ。

(2) パソコンやタブレットを使って、〈例〉のようにスライドにまとめましょう。

〈例〉

水族館でさつえいされた、魚の「アップ」の写真

写真に写っていること
・トゲチョウチョウウオの全体像

写真から分かること
・魚の全体の様子
・魚のもようや体の形

写真から分からないこと
・周りで泳いでいる魚
・水そうの大きさ
・水そうの中の様子

水族館でさつえいされた、魚の「ルーズ」の写真

写真に写っていること
・水そうの中で泳ぐ魚

写真から分かること
・水そうの全体像
・水そうの中にいる魚の種類

写真から分からないこと
・１ぴきごとの細かな様子

# アップとルーズで伝える⑤

名前（　　　）

**「アップ」と「ルーズ」で伝えることについて、今後どのように活用していけるのか考えましょう。クイズも作りましょう。**

(1) 〈例〉を参考にして、第八段落から筆者の考えをまとめましょう。

〈例〉筆者は～必要があると考えており、それを意識することで～できるはずであると考えている。

(2) 「アップとルーズで伝える」ことは、写真で伝えること以外で、どのようなときに活用できるでしょうか。

1 自分が人に何かを伝える場面を考え、かじょう書きしましょう。

・〈例〉朝のスピーチで、最近気になった出来事を話す。

2 「アップ」と「ルーズ」クイズを作り、問題を出し合いましょう。

## クイズの作り方

1ペアになって、クイズにするものを決める。

〈例〉カブトムシ

2一人は「アップ」で、もう一人は「ルーズ」で、観察文を書く。

〈例〉
「アップ」
カブトムシの頭について書く。

「ルーズ」
カブトムシ全体の様子を書く。

3「アップ」と「ルーズ」クイズを出し合う。

# 世界にほこる和紙
## 伝統工芸のよさを伝えよう　十時間計画

増田勝彦

**ICT活用**
調べ学習
スライド
ジャムボード

**準備物**
地域の伝統工芸品

## 指導計画

第一時　伝統工芸品を見たり、和紙について知っていることを出し合ったりして、関心を高める。範読を聞き、学習課題を知る。
第二時　意味調べをしたり「世界無形文化遺産」について調べたりする。（シート①）
第三時　筆者の考えと、「中」に書かれている内容を読み取る。（シート②）
第四時　内容を要約する（シート③）
第五時　要約した文章を読み合い、気が付いたことを交流する。
第六時　伝統工芸を調べる。（シート①）
第七時　文章の構成を考える。（シート②）
第八、九時　リーフレットを作成する。
第十時　発表会をする。

### 各時間の指導略案（主な指示・発問・説明）

**第三時**

(1)シート②を配布する。
(2)「段落番号を書きなさい。何段落ですか。」
(3)「書かれている内容に注目して、文章を『初め、中1、中2、終わり』に分けなさい。」
(4)「筆者の考えは、何段落に書かれていますか。」
(5)「筆者の考えを書きなさい。」
(6)「筆者は『中』で何を説明するために、どんな例を挙げていますか。表にまとめなさい。」

**第四時**

(1)シート③を配布する。
(2)「それぞれのまとまりで、中心となる語や文を三つずつ選び、線を引きなさい。」
(3)（班で交流させた後）「表にまとめなさい。」
(4)「二百字以内で要約しなさい。」

**第六時**

(1)シート①を配布する。
(2)「身近な伝統工芸について調べなさい。」
(3)「詳しく調べてみたいことを一つ決めなさい。」
(4)「さらに調べ、付箋に書き出しなさい。」

**第七時**

(1)シート②を配布する。
(2)「前回調べたことを分類して、書き出しなさい。」

「解答モデル（解答例）」

**世界にほこる和紙**

**シート①**略

**シート②**

(1)十段落
(2)初め……①②
中1……③④⑤⑥
中2……⑦⑧⑨
終わり…⑩
(3)第二段落と第十段落
(4)二…より多くの人に和紙のよさを知ってもらい、使ってほしいと考えています。
十…このように、和紙のもつよさと、使う紙を選ぶわたしたちの気持ちによって、長い間、和紙は作られ、さまざまなところで使われ続けてきたのだと、わたしは考えています。
(5)

| 何を説明するためか | 例 |
| --- | --- |
| 和紙はやぶれにくく、長もちすること。 | ・正倉院には、和紙に書かれた文書が一万点以上のこっている。<br>・世界の博物館や美術館などで、古くからある絵画や手紙の修復に和紙が使われている。 |
| わたしたちが、和紙の風合いを美しいと感じ、自分の気持ちを表す方法の一つとして、和紙を選んで使ってきたということ。 | ・平安時代、短歌を書くときには、美しくかざられたきれいな和紙が使われていた。<br>・手紙を書くときに使う便せんを買いに行くと、和紙でできたものもならんでいて、相手や伝えたい気持ちに合わせて、選ぶ人がいる。<br>・筆者は名刺を和紙で作っている。お年玉にも和紙のふくろを使っている。 |

**シート③**

(1)中1
・和紙は洋紙よりもやぶれにくい。
・作り方のちがい。
・何百年もの間、作品をもとのすがたのままで保管し、人々に見せることができる。
中2
・和紙の風合いを美しいと感じ、自分の気持ちを表す方法の一つとして、和紙を選んで使ってきた。
・平安時代。
・受け取る相手や伝えたい気持ちに合わせて、それらを選ぶ人がいます。
終わり
・和紙のもつよさ。
・使う紙を選ぶわたしたちの気持ち。
・世界にほこれる和紙を、生活の中で使ってみませんか。

解答編に続く

**ICT活用**
調べ学習をする。「伝統工芸のよさを伝えよう」シート①で調べたことを書き出す際に、スライドやグーグルジャムボードを使う。

# 世界にほこる和紙①

名前（　　　　）

**言葉の意味調べをしたり、世界無形文化遺産について調べたりしましょう。**

(1) 言葉の意味調べをしましょう。うすい文字は、なぞりましょう。

| 言葉 | 意味 |
| --- | --- |
| 和紙 | 手すきで作られる日本古来の紙。ミツマタ、コウゾ、ガンピなどのせんいを使って作られる。 |
| 洋紙 | |
| せんい | |
| 成分 | |
| 風合い | |

(2) ユネスコの「世界無形文化遺産」に登録された地域、作り方、歴史、芸術作品のどれかについて調べ、〈例〉を参考に四百字ぐらいでレポートを書きましょう。

〈「歌舞伎」について調べた例〉

ユネスコ無形文化遺産「歌舞伎」

「歌舞伎」は日本の伝統的な演劇の一つで、２００９年にユネスコの無形文化遺産に登録された。戦国時代の終わりごろに、京都で見られた「かぶきおどり」が始まりとされている。特に江戸時代に人気が出て、市川團十郎、坂田藤十郎といった有名な俳優が登場した。１７００年代には、せり上げや廻り舞台などが登場し、今でも見られる舞台しかけが考え出された。

明治時代に入ると、文明開化のなかで、歌舞伎もあらたな時代に入ってくる。天皇の前で演じる天覧歌舞伎が始まったり、歌舞伎座が造られたりと発展していく。

第二次世界大戦によって、いったん上演の規制がかかったが、戦後にまた演じられるようになった。最近では「スーパー歌舞伎」など新たなジャンルの演目も始まり、人気を集めている。

歌舞伎の演目は「時代物」「世話物」など大きく４つのジャンルに分かれており、全部で７００ぐらいある。

# 世界にほこる和紙②

名前（　　　　）

**筆者の考えや「中」に書かれている内容を読み取りましょう。**

(1) 『世界にほこる和紙』は全部で何段落でしょうか。

（　　）段落

(2) 『世界にほこる和紙』を、「初め」「中1」「中2」「終わり」に分けましょう。表に段落番号を書きましょう。

| | 段落 |
|---|---|
| 初め | |
| 中1 | |
| 中2 | |
| 終わり | |

筆者は自分の考えを伝えるために、二つの例を挙げて、説明していますね。

(3) 筆者の考えは、どの段落に書かれていますか。

第（　）段落と第（　）段落

(4) (3)で選んだ段落番号と、筆者の考えを書きましょう。

| 段落 | 筆者の考え |
|---|---|
| | |
| | |

(5) 筆者は「中」で何を説明するために、どのような例を挙げているでしょうか。表にまとめましょう。うすい文字は、なぞりましょう。

| 何を説明するためか | 例 |
|---|---|
| 和紙はやぶれにくく、長もちすること。 | ・正倉院には、和紙に書かれた文書が一万点以上のこっている。 |
| | |

# 世界にほこる和紙③

名前（　　　　　）

**「初め」「中」「終わり」に書かれている中心となる語や文を選び、要約しましょう。**

(1)「中1」「中2」「終わり」に書かれている中心となる語や文を、それぞれ三つずつ選び、表にまとめましょう。うすい文字は、なぞりましょう。

| | 中心となる言葉や文 |
|---|---|
| 初め | ・和紙<br>・洋紙<br>・より多くの人に和紙のよさを知ってもらい、使ってほしいと考えています。 |
| 中1 | |
| 中2 | |
| 終わり | |

(2) (1)で書いた語や文を使って、二百字以内で『世界にほこる和紙』を要約しましょう。

# 伝統工芸のよさを伝えよう①

名前（　　　　）

**身近な伝統工芸について調べ、テーマをきめましょう。**

**身近な伝統工芸を調べ、みりょくを伝える文章を書きます。**

(1) インターネットを使って、身近な伝統工芸にはどのようなものがあるのか調べ、かじょう書きしましょう。

「東京都　伝統工芸」のように、まず「都道府県　伝統工芸」で調べましょう。

(2) (1)で書いたものの中で、くわしく調べるものを一つ選びましょう。また、選んだ理由を書きましょう。

調べるもの

選んだ理由

(3) パソコンやタブレットを使って、(2)で書いたものについてくわしく調べましょう。調べたことは〈例〉のように、ふせんに書き出したり、パソコンやタブレットを使って書き出したりしましょう。

〈例〉ふせんに書き出した場合

- 光の当たる角度によって、さまざまにかがやく。
- 200年近いれきしがある。
- ガラスのカットは、すべて職人の手作業。
- ガラスのカットには、矢来（やらい）などさまざまなデザインがある。
- 青や赤などさまざまな色でデザインされている。
- 高級品から、手軽に使えるものまでいろいろある。

〈例〉パソコンを使って書き出した場合

- 光の当たる角度によって、さまざまにかがやく。
- ガラスのカットは、すべて職人の手作業。
- 200年近いれきしがある。
- 高級品から、手軽に使えるものまでいろいろある。
- 青や赤などさまざまな色でデザインされている。
- ガラスのカットには、矢来などさまざまなデザインがある。

〈例〉は東京都の伝統工芸「江戸切子（きりこ）」について調べたものです。みりょくを伝える文章を書くことが目的なので「江戸切子　みりょく」のように調べてみましょう。

# 伝統工芸のよさを伝えよう②

名前（　　　　）

## 伝統工芸のみりょくを伝える文章の組み立てを考えましょう。

(1) 前回のシートで調べたことを、〈例〉のように分類しましょう。

〈例〉

| デザインの多さ |
| --- |
| 赤や青など、さまざまな色でデザインされている。 |
| ガラスのカットには、矢来などさまざまなデザインがある。 |

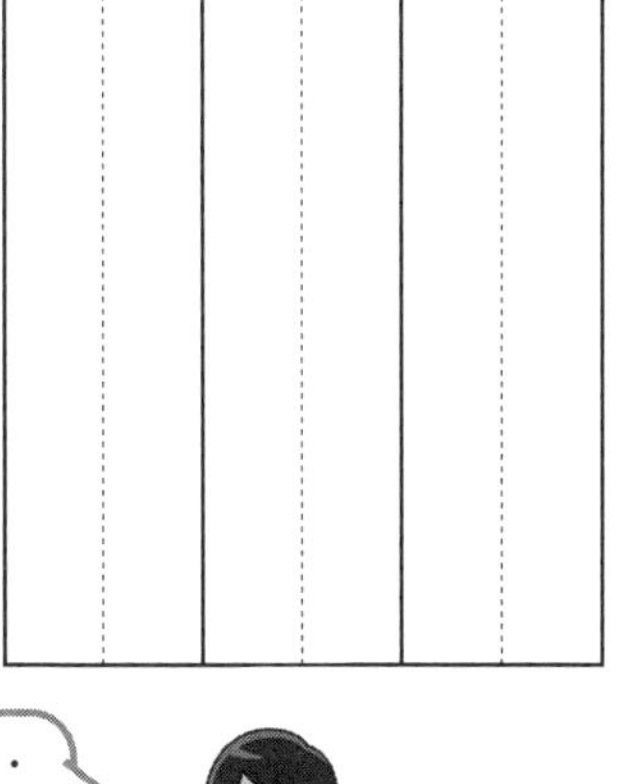

・れきし
・使いやすさ
・美しさ
・素材の良さ
などに分類できますね。

(2) 〈例〉を参考に文章の組み立てを考えて、表に書きましょう。

〈例〉

| 初め | 中1 | 中2 | 終わり |
| --- | --- | --- | --- |
| 江戸切子の説明<br>江戸切子には、さまざまなみりょくがある | みりょく1「デザインの多さ」について<br>・さまざまな色でデザインされている。（写真1）<br>・カットのデザインがさまざまある。（写真2） | みりょく2「れきし」について<br>・二百年近いれきしがある。（写真3）<br>・江戸時代から始まり、げんざいに続いている。（写真4） | まとめ |

| 初め | 中1 | 中2 | 終わり |
| --- | --- | --- | --- |
| | | | |

# ウナギのなぞを追って　七時間計画

塚本勝巳

**ICT活用**
調べ学習
スライド
グーグルアース

**準備物**
特になし

## 指導計画

第一時　ウナギについて知っていることを出し合い、関心を高める。学習問題を知り、範読を聞く。
第二時　音読をして、考えたことを書く。（シート①）
第三時　文章構成を考え、内容を読み取る。（シート②）
第四時　興味をもったことを中心に、内容を整理する。（シート③）
第五時　もっと知りたいことを調べる。（シート④）
第六時　スライドにまとめる。（シート⑤）
第七時　発表会をする。

### 各時間の指導略案（主な指示・発問・説明）

**第三時**

(1) シート②を配布する。
(2)「全部で何段落でしょうか。」
(3)「内容を、初め、中、終わりに分けなさい。」
(4)「何の調査の話なのか、また、結果はどうなったのかを書きなさい。」
(5)「レプトセファルスについて、年表にまとめなさい。」
(6)「ウナギの卵がとれたことについて書きなさい。」

**第四時**

(1) シート③を配布する。
(2)「特に興味をもったことを書きなさい。」
(3)「興味をもったことに関わる文に線を引きなさい。」
(4)「〈例〉を参考に表にまとめなさい。」

**第五時**

(1) シート④を配布する。
(2)「写真を教科書でどのように表現しているのか書きなさい。」
(3)「表現について、感じたことを書きなさい。」
(4)『ウナギのなぞを追って』を読んで、もっと知りたいことを書き出しなさい。」
(5) グループで意見交流をさせる。
(6)「インターネットを使って、調べなさい。」

### 「解答モデル（解答例）」

**シート①**

(1)『ウナギのなぞを追って』を読んで、初めて知ったことは、以下の三点である。
一つ目は、日本中のウナギが集まる場所があることだ。

二つ目は、たまごを産む場所が分かるのに、八十年もかかったことだ。

三つ目は、ウナギの赤ちゃんの名前がレプトセファルスとよばれていることだ。

また、特に私がきょうみをもったことは、レプトセファルスの形や大きさだ。なぜなら、やなぎの葉とウナギの形はにていないので、どうやって変化していくのか、ぎもんに思ったからだ。

(2)（右下）マリアナ諸島
（左上）台湾
（左下）フィリピン

(3) 教科書の図参考

**シート②**

(1) 十三段落
(2) 初め……①②③
中……④⑤⑥⑦⑧⑨⑩⑪⑫
終わり…⑬
(3) 何の調査
・ウナギがどんな一生を送る生き物なのかの調査。
調査の結果
・ウナギがたまごを産む場所が明らかになった。
(4)
・一九七三年…北赤道海流の上流／四十、三十、二十ミリメートル
・一九九一年…マリアナ諸島の西、北赤道海流の中／十ミリメートル前後
・二〇〇五年…マリアナ諸島の西にある海山付近／五ミリメートル
(5) 二〇〇九年五月二十二日／マリアナ諸島の西側、フロント海山の連なりが交わる地点／一・六ミリメートル

解答編に続く

**ICT活用**

シート①でグーグルアースを活用する。ウナギが生まれた所から、日本に来るまでの道を調べる。

シート④で調べ学習をする。ウナギについてもっと知りたいことを出させ、インターネットで検索させる。

シート⑤ではスライドを使って、学習内容をまとめさせる。文書ソフトを使ってもよい。

# ウナギのなぞを追って①

名前（　　　　）

**『ウナギのなぞを追って』の感想を書きましょう。また、ウナギが日本に来るまでの道をたどってみましょう。**

(1) 『ウナギのなぞを追って』を読んで、初めて知ったことを〈例〉を参考に書きましょう。

〈例〉『ウナギのなぞを追って』を読んで、初めて知ったことは以下の三点である。
一つ目は、〜。二つ目は、〜。三つ目は、〜。
また、特に私がきょうみをもったことは、〜だ。なぜなら、〜からだ。

〈きょうみをもったことの例〉
・レプトセファルスが見つかっていく様子
・研究に長い時間がかかっていること
・ウナギの卵が見つかった場所
など

(2) （　）に国や地域(いき)の名前を書きましょう。また、教科書の図を見て、ウナギが日本に来るまでの道を書きこみましょう。

（　　　　）

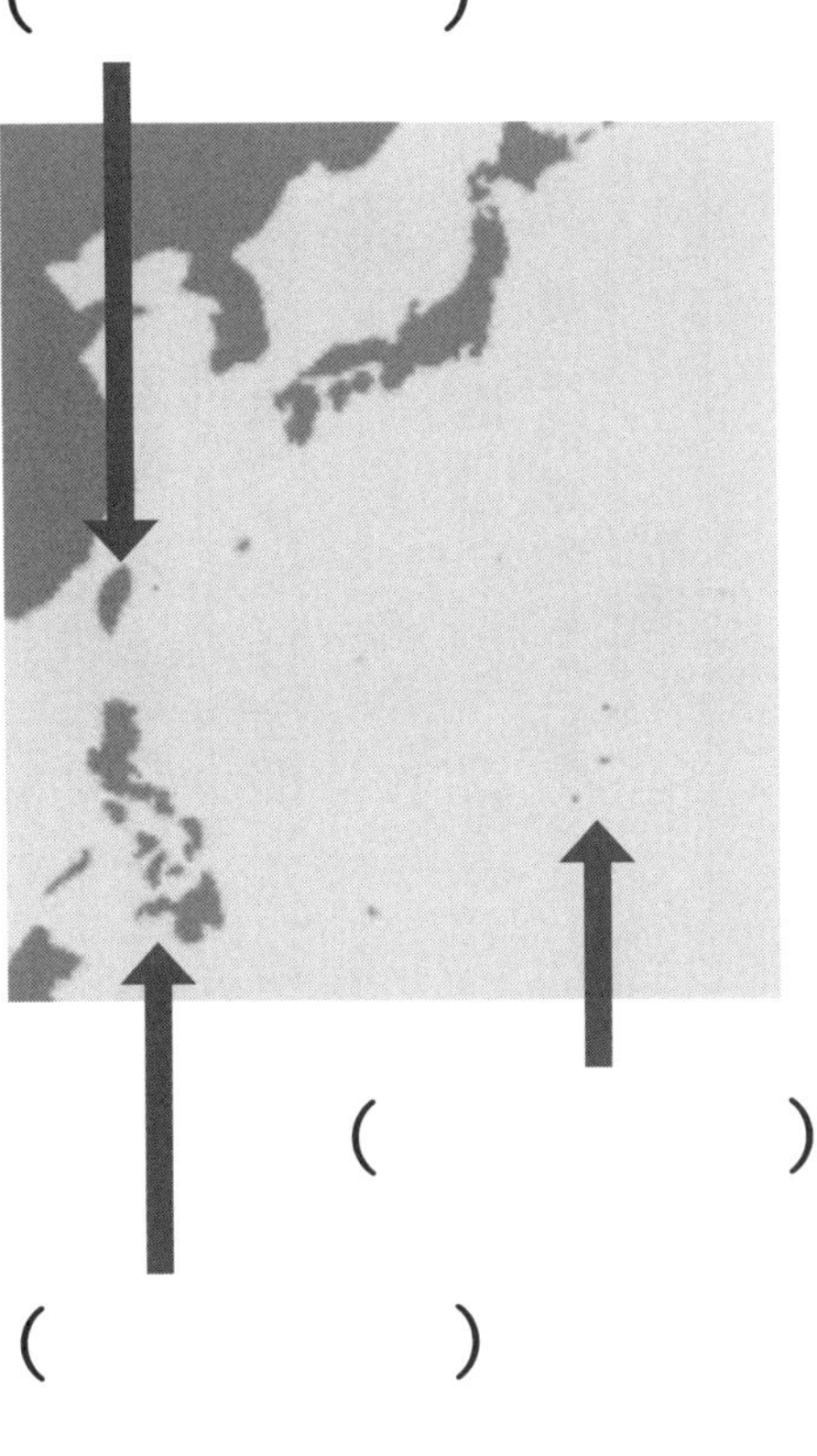

（　　　　）

（　　　　）

(3) グーグルアースを使って、ウナギが日本に来るまでの道をたどってみましょう。

# ウナギのなぞを追って②

名前（　　　　）

**文章の組み立てを考え、書かれている内容を読み取りましょう。**

(1) 『ウナギのなぞを追って』は全部で何段落でしょうか。

（　　）段落

(2) 『ウナギのなぞを追って』を、「初め」「中」「終わり」に分けましょう。表に段落番号を書きましょう。

| | 段落 |
|---|---|
| 初め | |
| 中 | |
| 終わり | |

(3) 『ウナギのなぞを追って』は何の調査について書かれた文章ですか。また、その調査の結果はどうなりましたか。

何の調査

調査の結果

(4) 調査の中でレプトセファルスがいつ、どこでとれたのか年表にまとめましょう。うすい文字は、なぞりましょう。

| 年 | とれた場所 | 大きさ |
|---|---|---|
| 一九六七年 | 台湾近くの海 | 五十四ミリメートル |
| 一九七三年 | | |
| 一九九一年 | | |
| 二〇〇五年 | | |

(5) ウナギのたまごは、いつ、どこでとれ、大きさはどうだったのか表にまとめましょう。

| いつ | とれた場所 | 大きさ |
|---|---|---|
| | | |

# ウナギのなぞを追って③

名前（　　　　　　）

**きょうみをもったことを中心に、内容を整理しましょう。**

(1) シート①の感想で書いた「特にきょうみをもったこと」を書きましょう。

(2) 教科書を読み、きょうみをもったことに関わる言葉や文に線を引きましょう。

(3) きょうみをもったことにそって、〈例〉を参考に表にまとめましょう。

〈例〉きょうみをもったこと「レプトセファルスが見つかっていく様子」

| ページ、行 | 内容 | 大事な言葉や文 |
| --- | --- | --- |
| 88ページ1行目～90ページ2行目 | ・マリアナの海に来た理由。<br>・調査が始まった年。 | ・ウナギがどんな一生を送るか調査する。<br>・一九三〇年ごろ |

| ページ、行 | 内容 | 大事な言葉や文 |
| --- | --- | --- |
| 88ページ1行目～90ページ2行目 | | |
| 90ページ4行目～92ページ4行目 | | |
| 92ページ5行目～95ページ8行目 | | |
| 95ページ10行目～最後 | | |

# ウナギのなぞを追って④

名前（　　　　　）

**写真の表現方法について考えましょう。また『ウナギのなぞを追って』を読んで、もっと知りたいことを調べましょう。**

(1) 教科書の写真について、筆者はどのように表現(げん)しているか、書きましょう。うすい文字は、なぞりましょう。

マリアナの海

あざやかなぐんじょう色の海。

レプトセファルス

ウナギのたまご

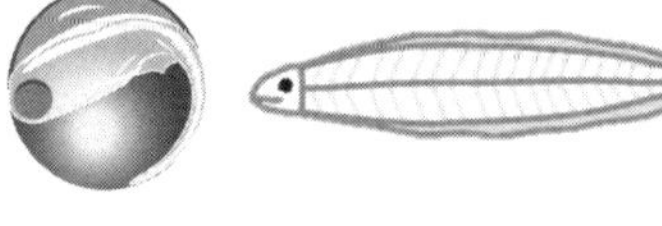

(2) (1)で書いた文から、感じたことを書きましょう。

(3) 『ウナギのなぞを追って』を読み、「もっと知りたいこと」「調べてみたいこと」を〈例〉を参考に書き出し、グループで話し合いましょう。

〈例〉①レプトセファルスは何を食べているのか。
②レプトセファルスの天敵（てんてき）は何か。
③レプトセファルスは何年ぐらいで大人になるのか。
④日本ウナギが「絶滅危惧種（ぜつめつきぐしゅ）ＩＢ類」に指定されている理由は。
⑤「絶滅危惧種ＩＢ類」に指定されている日本ウナギを食べてもよいのか。
⑥養殖（ようしょく）ウナギはたまごから育てているのか。
⑦食卓（しょくたく）に出るウナギの、天然と養殖の割合（わりあい）はどれぐらいか。

(4) インターネットを使い、テーマにそって調べましょう。

# ウナギのなぞを追って⑤

名前（　　　　　　　　）

**『ウナギのなぞを追って』をしょうかいするスライドをつくりましょう。**

(1) 〈例〉を参考に、四枚のスライドをつくりましょう。文に合ったイラストや写真ものせましょう。

〈例〉きょうみをもったこと「レプトセファルスが見つかっていく様子」

①表紙

ウナギのなぞを追って

山下　たつや

②何の話か、一文で書く

何の話か

『ウナギのなぞを追って』は、レプトセファルスが見つかっていく様子を書き、ウナギのたまごが発見されたことを伝える話です。

③内容（よう）を要約する

話の内容

１９３０年ごろから、ウナギのたまごを見つける調査は始まりました。

１９６７年に、台湾近くの海で体長５４ｍｍのレプトセファルスが見つかっています。

レプトセファルスは海流に乗って運ばれるので、海流の上流に行けばいくほど小さいものがいるはずだと考えました。そして、予想通り４０、３０、２０ｍｍとだんだん小さいものがとれました。

１９９１年にはマリアナ諸島の西、北赤道海流の中で、１０ｍｍ前後のレプトセファルスを約１０００びきとることができました。

その後、しばらくとれない日々が続きましたが、２００５年６月７日にマリアナ諸島の西にある海山付近で体長５ｍｍ、生後２日のレプトセファルスを見つけました。

そして、２００９年５月２２日、新月の2日前の明け方、「フロントと海山の連なりが交わる地点」で１．６ｍｍのウナギのたまごをとることができました。

④感想を書く

感想

ウナギのたまごを見つけることに、こんなに多くの時間がかかっていることにおどろきました。

わたしも、きょうみのあることを早く見つけて、研究してみたいと思いました。

要約は、③のシートを参考に書きましょう。大事だと思った言葉や文をつなげて、書かれている内容をまとめます。シートに書いたことをすべて使うのではなく、必要なところだけ選んで書きましょう。

完成したら、友達や家族に発表しましょう。

# 言葉の意味が分かること　七時間計画

今井むつみ／文　カワチ・レン／絵

**ICT活用**
調べ学習
文書ソフト

**準備物**
特になし

## 指導計画

第一時　学習課題を知る。範読を聞く。音読する。
第二時　意味調べをする。言葉からイメージするものを考える。（シート①）
第三時　文章構成を考え、筆者の主張を読み取る。（シート②）
第四時　まとまりごとに書かれている内容を読み取る。（シート③）
第五時　要旨をまとめて、自分の考えを書く。（シート④）
第六時　言葉に関する課題に取り組む。（シート⑤）
第七時　発表会をする。

## 各時間の指導略案（主な指示・発問・説明）

**第二時**

(1)シート①を配布する。
(2)「言葉の意味調べをしなさい。」
(3)「辞書を作る人になったつもりで、意味を考えなさい。また、実際にどのように書かれているのか調べなさい。」
(4)「次の言葉でどのようなものをイメージしますか。できるだけたくさん絵で描きなさい。また画像検索をして、どんなものがあるのか調べなさい。」

**第三時**

(1)シート②を配布する。
(2)「全部で何段落ですか。」
(3)「『初め、中、終わり』に分けなさい。」
(4)「『中』を二つに分けなさい。」
(5)「主張を各段落から読み取り、書きなさい。」

**第四時**

(1)シート③を配布する。
(2)「それぞれのまとまりに書かれている内容を、表にまとめなさい。」

**第五時**

(1)シート④を配布する。
(2)「要旨の定義です。薄い文字をなぞりなさい。」
(3)「要旨の書き方です。薄い文字をなぞりなさい。」
(4)「要旨を百字程度でまとめなさい。」
(5)「言葉の使い方で、変だなと思った経験について、〈例〉を参考に書きなさい。」

## 「解答モデル（解答例）」

**シート①**

(1)略
(2)【青】雲一つない空の色。海の色。など
辞書　よく澄んだ空の色に代表される、赤に対する暗い感じを受ける色。
【右】左の逆。など
辞書　アナログ時計の文字盤に向かった時に、一時から五時までの表示の有る側。
【猫】古くから人に飼育されることの多いネコ科の動物。など
辞書　家に飼う小動物。形はトラに似て、敏捷。
※国語辞典は新明解国語辞典（三省堂）を使用。
(3)略

**シート②**

(1)十二段落
(2)初め…①　中…②～⑩　終わり…⑪、⑫
(3)②、③、④小さな子どもにコップの意味を教える事例
⑤、⑥、⑦、⑧、⑨、⑩言葉の言いまちがいの事例
(4)第一段落
言葉の意味には広がりがあり、このことを知っておくことは、言葉を学ぶときに役立ち、ふだん使っている言葉やものの見方を見直すことにもつながる。
第十一段落
言葉を適切に使うためには、そのはんいを理解する必要がある。つまり、言葉を学んでいくときには、言葉の意味を「面」として理解することが大切になる。
第十二段落
言葉の意味を「面」として考えることは、ふだん使っている言葉や、ものの見方を見直すことにもつながる。みなさんが言葉を学ぶとき、「言葉の意味は面である」ということについて、考えてみてほしい。

解答編に続く

**ICT活用**

シート①⑤で調べ学習をさせる。①では「かご」「肉」という言葉で画像検索をさせ、様々な種類のものがあることを理解させる。⑤ではテーマを決めて、調べ学習をさせる。
また⑤では「面白い言い間違いチャンピオン大会」を設定している。調べたことや親に聞いたことを文書ソフトでまとめさせる。

# 言葉の意味が分かること①

名前（　　　　　）

**辞書で調べたり、イメージしたりして、「言葉」について考えましょう。**

(1) 言葉の意味調べをしましょう。うすい文字は、なぞりましょう。

| 言葉 | 意味 |
|---|---|
| 特徴（ちょう） | 他とくらべて、特に目立つところ。 |
| | |
| | |
| | |
| | |

(2) あなたが辞書を作る人になったつもりで、次の言葉を説明しましょう。また、実際には辞書にどのように書かれているのか調べましょう。

| 青 | |
|---|---|
| 辞書 | |

| 右 | |
|---|---|
| 辞書 | |

| 猫（ねこ） | |
|---|---|
| 辞書 | |

(3) あなたは次の言葉から、どのようなものをイメージしますか。絵でかいてみましょう。また、インターネットで画像検索（がぞうけんさく）を行い、どのような形や色、大きさのものがあるのか調べましょう。

かご

肉

コップ

# 言葉の意味が分かること②

名前（　　　　　　）

## 文章構成を考え、筆者の主張を読み取りましょう。

(1) 『言葉の意味が分かること』は全部で何段落でしょうか。

（　　）段落

(2) 『言葉の意味が分かること』を、「初め」「中」「終わり」に分けましょう。表に段落番号を書きましょう。

|  | 段落 |
|---|---|
| 初め |  |
| 中 |  |
| 終わり |  |

(3) 中を内容のまとまりで、二つに分けましょう。また、どんな事例が書かれているのか（〜事例）という書き方で書きましょう。

| 段落番号 | 書かれている事例 |
|---|---|
|  |  |
|  |  |

(4) 筆者の主張をそれぞれの段落から読み取り、指定された字数で書きましょう。うすい文字は、なぞりましょう。

第一段落（七十字程度）

言葉の意味には広がりがあり、

第十一段落（七十字程度）

言葉を適切に使うためには、そのはんいを

第十二段落（百字程度）

言葉の意味を「面」として考えることは、

# 言葉の意味が分かること③

名前（　　　　　　）

**まとまりごとに、書かれている内容を読み取りましょう。**

(1) それぞれのまとまりに書かれている内容を、表にまとめましょう。うすい文字は、なぞりましょう。

<table>
<tr><th>構成</th><th>初め</th><th colspan="9">中</th><th colspan="2">終わり</th></tr>
<tr><td>段落</td><td>1</td><td>2</td><td>3</td><td>4</td><td>5</td><td>6</td><td>7</td><td>8</td><td>9</td><td>10</td><td>11</td><td>12</td></tr>
<tr><td rowspan="3">中のまとまり</td><td rowspan="3"></td><td colspan="9">言葉の意味の広がり</td><td colspan="2" rowspan="3"></td></tr>
<tr><td colspan="3" rowspan="2">小さな子どもに「コップ」の意味を教える事例</td><td colspan="6">言葉の言いまちがいの事例</td></tr>
<tr><td colspan="3">小さな子どもの言いまちがい</td><td colspan="3">言語を学ぶ際の言いまちがい</td></tr>
<tr><td>書かれている内容</td><td>言葉の意味には広がりがあり、このことを知っておくことは、言葉を学ぶときに役立ち、ふだん使っている言葉やものの見方を見直すことにもつながる。</td><td colspan="3"></td><td colspan="3"></td><td colspan="3"></td><td colspan="2"></td></tr>
<tr><td>大事な言葉や文</td><td>・言葉の意味<br>・広がり</td><td colspan="3"></td><td colspan="3"></td><td colspan="3"></td><td colspan="2"></td></tr>
</table>

# 言葉の意味が分かること④

名前（　　　　　）

**要旨をまとめ、それに対する自分の考えを書きましょう。**

(1) 要旨は次のように定義されます。うすい文字を、なぞりましょう。

要旨　筆者の伝えたいことをまとめたもの。

(2) 要旨は次の文章でまとめることができます。うすい文字を、なぞりましょう。

筆者は、～を事例に挙げ、～ということを伝えたかった。

(3) 〈例〉を参考に『言葉の意味が分かること』の要旨を百字程度でまとめましょう。

〈例〉筆者は、～（シート②を参考に書く）を事例に挙げ、～（シート②を参考に書く）ということを伝えたかった。

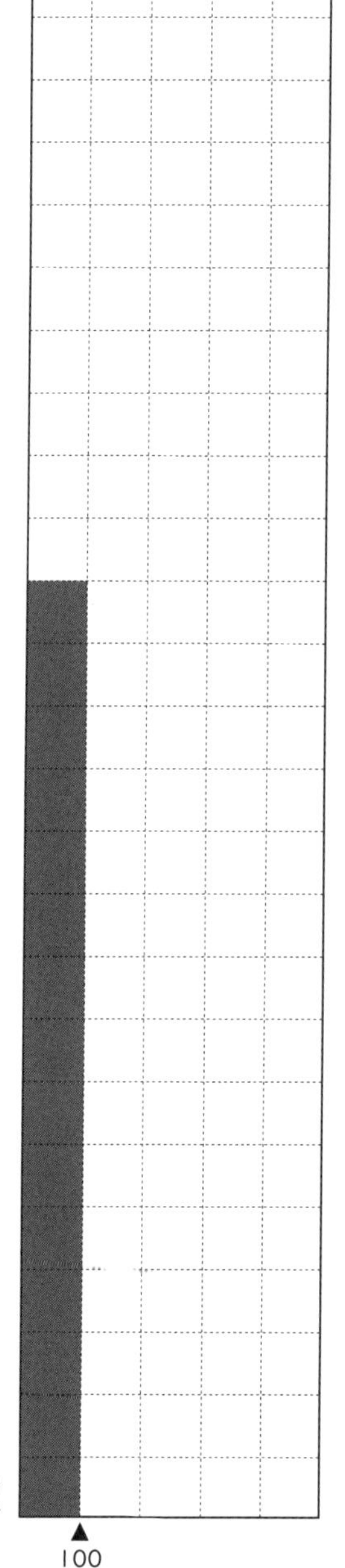

100

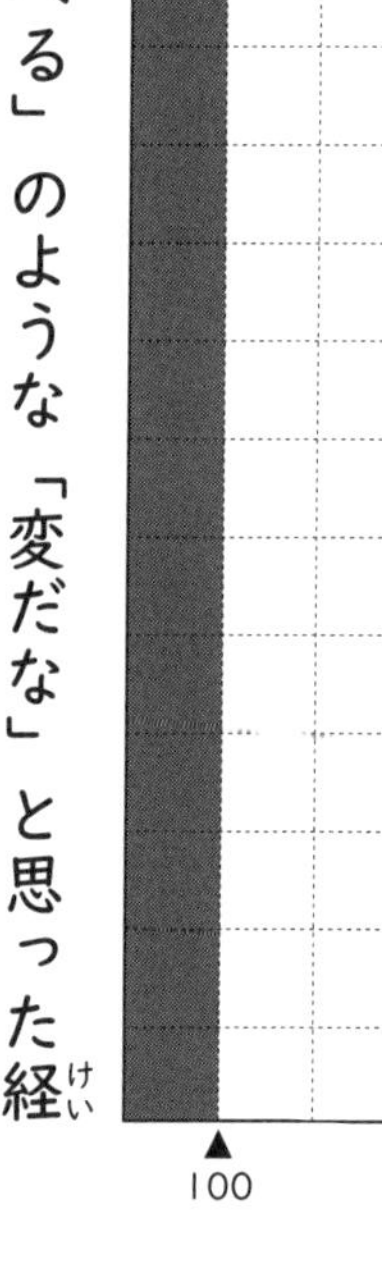

(4) 言葉の使い方において、「スープを食べる」のような「変だな」と思った経験はありませんか。小さな子どもの言ったことでもよいです。筆者の『言葉の意味が分かること』における主張をふまえ、〈例〉を参考に書きましょう。

〈例〉私は言葉の使い方において、変だなと感じたことがある。それは～（その経験を書く）。わたしはその時、～と思った。筆者は『言葉の意味が分かること』において、～と主張している。私はこれから～していきたい。

# 言葉の意味が分かること⑤

名前（　　　　　　）

## 言葉に関する課題に取り組みましょう。

(1) 言葉に関する次の課題の中から興味のあることを一つ選び、インターネットで調べましょう。

・アメリカと日本における「牛肉の部位」の分け方。
・インドと日本における「カレー」の意味のちがい。
・イタリア語の言葉は、すべて男性と女性に分かれる？
・日本と意味のことなる英単語〈例〉マンション　クレーム。
・中国の方言と日本の方言のちがい。

(2) 調べたことを発表しましょう。また、なぜこのようなちがいが生まれたのか考え、話し合いましょう。

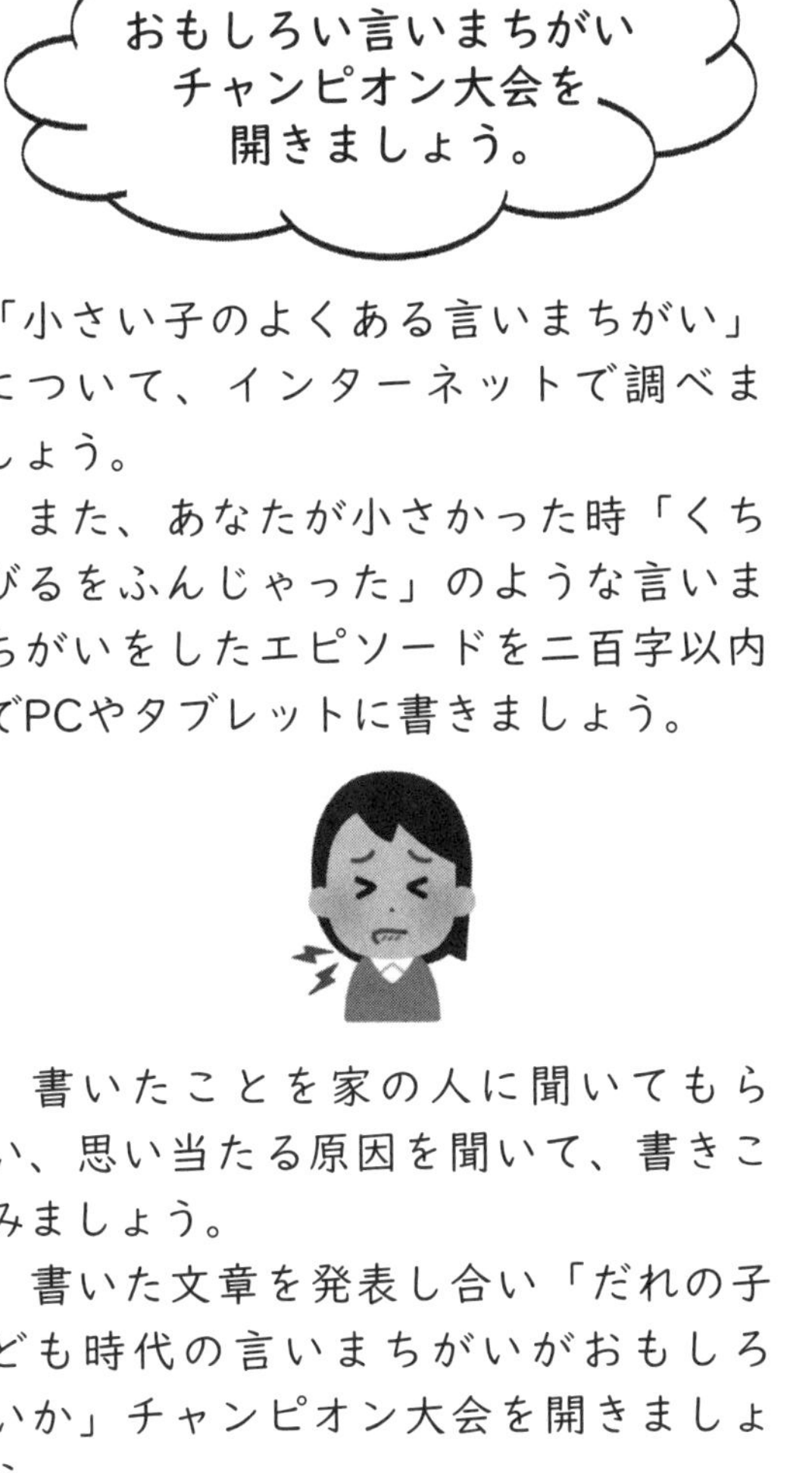


「小さい子のよくある言いまちがい」について、インターネットで調べましょう。

また、あなたが小さかった時「くちびるをふんじゃった」のような言いまちがいをしたエピソードを二百字以内でPCやタブレットに書きましょう。

書いたことを家の人に聞いてもらい、思い当たる原因を聞いて、書きこみましょう。

書いた文章を発表し合い「だれの子ども時代の言いまちがいがおもしろいか」チャンピオン大会を開きましょう。

# 固有種が教えてくれること　六時間計画

今泉忠明

ICT活用　調べ学習

準備物　特になし

## 指導計画

第一時　学習課題を知る。範読を聞く。
第二時　音読をする。考えたことを書く。（シート①）
第三時　文章構成を考え、書かれていることを読み取る。（シート②）
第四時　資料の効果を考える。（シート③）
第五時　要旨をまとめ、自分の考えを書く。（シート④）
第六時　統計資料の読み方について考える。（シート⑤）

## 各時間の指導略案（主な指示・発問・説明）

**第三時**

(1)シート②を配布する。
(2)「全部で何段落ですか。」
(3)「『初め、中、終わり』に分けなさい。」
(4)「筆者の主張を読み取りなさい。」
(5)「それぞれの段落に見出しをつけ、書かれていることをまとめなさい。」

**第四時**

(1)シート③を配布する。
(2)「資料がどの段落と対応しているのか、また、何が読み取れるのかを表にまとめなさい。」
(3)「文章の中に資料がある効果を考えなさい。」
(4)「絶滅危惧種について資料について調べなさい。」

**第五時**

(1)シート④を配布する。
(2)「要旨の定義とまとめ方をなぞりなさい。」
(3)「要旨を百字程度でまとめなさい。」
(4)「〈例〉を参考に、筆者の主張に対する自分の考えを書きなさい。」

**第六時**

(1)シート⑤を配布する。
(2)「AとBの資料の違いを書きなさい。また、統計資料を読むときに、気を付けることを書きなさい。」
(3)「自分の体験談を書きなさい。」
(4)「『統計でウソをつく法』を調べなさい。」

「解答モデル（解答例）」

**シート①**

(1)写真…実物をそのままを伝えるときに有効。
絵…相手にイメージを伝えたい場合に有効。
図…考えを整理するときに有効。
表…数値を一目で比較する場合に有効。
(2)おもしろいと思ったこと
日本には固有種がたくさんいて、それは日本列島の成り立ちに関係していること。
不思議に思ったこと
ニホンカモシカが特別天然記念物にもかかわらず、地域によって害獣としてくじょされるようになったこと。
ぎ問に思ったこと
現在、多くの環境問題がある中で、今後固有種はどのようになっていくのかということ。

**シート②**

(1)十一段落
(2)初め…①②　中…③～⑩　終わり…⑪
(3)第二段落　この固有種たちがすむ日本の環境を、できるだけ残していきたいと考えている。
第十一段落…固有種がすむ日本の環境をできる限り残していくことが、日本にくらすわたしたちの責任ではないでしょうか。

**シート③**

(4)解答編に掲載
(1)解答編に掲載
(2)筆者と読者のイメージを近いものにできる。など
(3)イリオモテヤマネコ　カブトガニ　など

**シート④**

(1)、(2)略
(3)筆者は、日本に固有種が多い理由、固有種の現状、固有種の保護を事例に挙げ、日本の環境を保護しようということを伝えたかった。
(4)『固有種が教えてくれること』で、筆者は固有種がすむ日本の環境をできる限り残していかなければならないと主張している。私はこのことに対して共感できる。なぜなら、環境を保護していくのは大切だと思うからだ。私には次のような経験がある。テレビで、森林が伐採され、すみかを失った動物が住宅地に現れ、大騒ぎになっている映像を見たことがある。よって、私は、筆者の主張に対して共感できるのである。

解答編に続く

**ICT活用**

シート③⑤で調べ学習を行う。『統計で～』の本の内容も調べる。

# 固有種が教えてくれること①

名前（　　　　　　　　）

**『固有種が教えてくれること』を読んで、考えたことを書きましょう。**

(1) 次の資料はどのような場合に有効でしょうか。〈例〉を参考に書きましょう。

| | |
|---|---|
| グラフ | 〈例〉量のひかくをする場合に有効。 |
| 写真 | |
| 絵 | |
| 図 | |
| 表 | |

| | Aさん | Bさん | Cさん |
|---|---|---|---|
| 国語 | 90 | 95 | 100 |
| 算数 | 100 | 90 | 90 |
| 理科 | 85 | 90 | 90 |
| 社会 | 90 | 100 | 95 |

(2) 『固有種が教えてくれること』を読んで思ったことを、次の三つの視点で書きましょう。

・おもしろいと思ったこと

・不思議に思ったこと

・ぎ問に思ったこと

# 固有種が教えてくれること②

名前（　　　）

**文章構成を考え、書かれている内容を読み取りましょう。**

(1) 『固有種が教えてくれること』は全部で何段落ですか。

（　　）段落

(2) 『固有種が教えてくれること』を、「初め」「中」「終わり」に分けましょう。表に段落番号を書きましょう。

| | 段落 |
|---|---|
| 初め | |
| 中 | |
| 終わり | |

(3) 筆者の主張をそれぞれの段落から読み取り、書きましょう。

第（　）段落

第（　）段落

(4) 三〜十段落にそれぞれ見出しを付け、書かれていることをまとめましょう。うすい文字は、なぞりましょう。

| 段落 | 見出し | 書かれていること |
|---|---|---|
| 3 | 日本には固有種が多い | 日本とイギリスで、陸地にすむほ乳類を比べると、日本の方が種の数もそのうちの固有種の数も多い。 |
| 4 | | |
| 5 | | |
| 6 | | |
| 7 | | |
| 8 | | |
| 9 | | |
| 10 | | |

# 固有種が教えてくれること③

名前（　　　　　　）

## 資料の効果について考えましょう。

(1) それぞれの資料が、どの段落と対応しているのか、また、何が読み取れるのかを〈例〉参考に表にまとめましょう。

| 資料 | 段落 | 読み取れること |
|---|---|---|
| 資料1 | 3 | 〈例〉日本とイギリスが同じように大陸に近い島国であること。ほ乳類の固有種は日本には多く、イギリスにはいないこと。 |
| 資料2 図1 | | |
| 図2 | | |
| 図3 | | |
| 図4 | | |
| 資料3 | | |
| 資料4 | | |
| 資料5 | | |
| 資料6 | | |
| 資料7 | | |

(2) 文章の中に資料があると、どのような効果がありますか。〈例〉を参考に、か条書きしましょう。

・〈例〉文章で書かれている内容が視覚的になり、より伝わりやすくなる。

(3) あなたが気になる絶滅危惧種には、どのようなものがありますか。インターネットを使って調べてみましょう。

# 固有種が教えてくれること④

名前（　　　　　　　　）

**要旨をまとめ、それに対する自分の考えを書きましょう。**

(1) 要旨は次のように定義されます。うすい文字をなぞりましょう。

要旨　筆者の伝えたいことをまとめたもの。

(2) 要旨は次の文章でまとめることができます。うすい文字をなぞりましょう。

筆者は、～を事例に挙げ、～ということを伝えたかった。

(3) 〈例〉を参考に『固有種が教えてくれること』の要旨を百字程度でまとめましょう。

〈例〉筆者は、～（シート②を参考に書く）を事例に挙げ、～（シート②を参考に書く）ということを伝えたかった。

100

(4) 〈例〉を参考に、筆者の主張に対する自分の考えを書きましょう。

〈例〉『固有種が教えてくれること』で、筆者は～だと主張している。私はこのことに対して（共感できる／納得（なっとく）できる／ぎ問に思う）。なぜなら、～からだ。わたしには次のような（経験／体験／知識）がある。～（考えの理由となる経験などを書く）。よって、私は、筆者の主張に対して（共感できる／納得できる／ぎ問に思う）のである。

# 固有種が教えてくれること⑤

名前（　　　　）

## 統計資料の読み方について考えましょう。

(1) 次のAとBの資料のちがいを書きましょう。また、そこから考えられる、統計資料を読むときに、気をつけることを書きましょう。

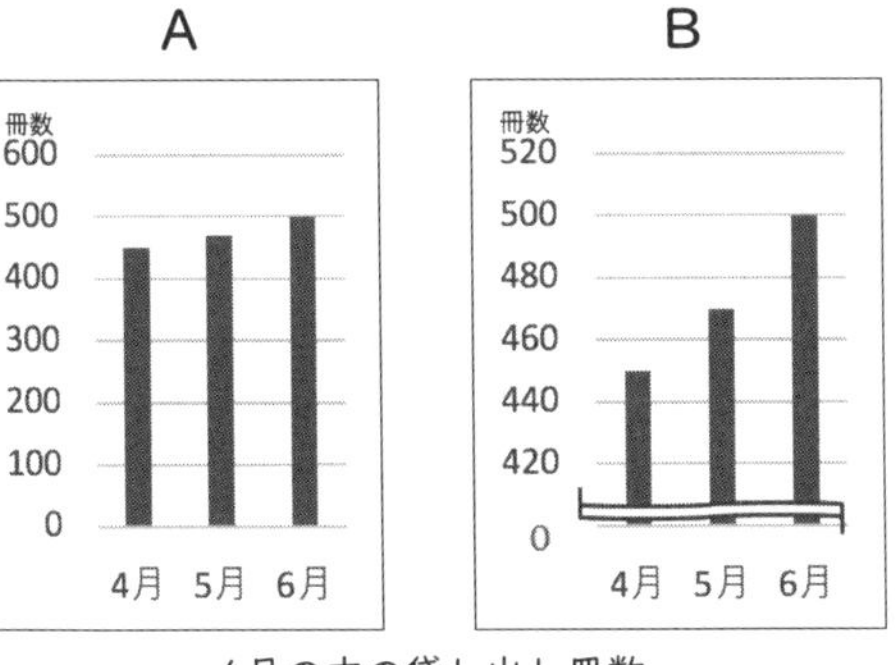


4月の本の貸し出し冊数

AとBのちがい

統計資料を読むときに、気をつけることは何ですか。

(2) 「クラスのみんなが持っている」と統計を持ち出して、「〇〇を買って」と親にたのんだ経験はありますか。やりとりや、体験談を書きましょう。もし経験がなければ、今ほしいものを「クラスのみんなが持っているから買って」と親にたのんだとき、どのようなやりとりがあるか想像して書きましょう。

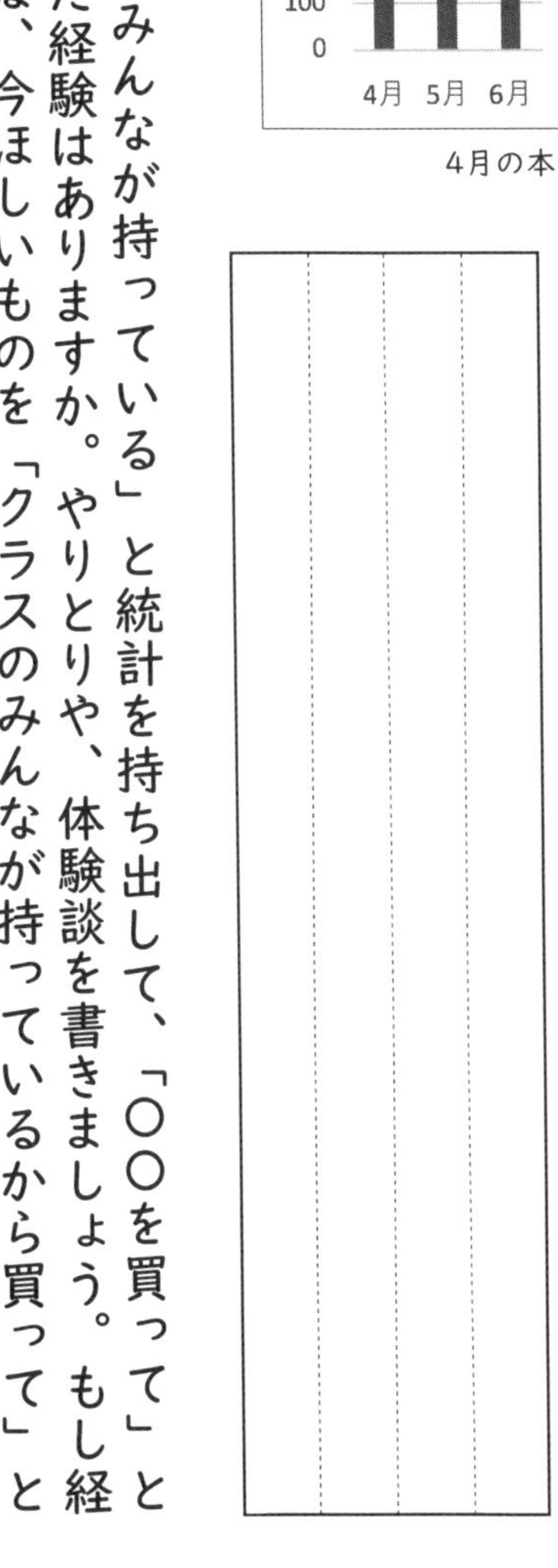


(3) 『統計でウソをつく法』という本があります。インターネットでさがして、なぜ百刷りをこえるベストセラーになったのか考えて、書きましょう。

# 想像力のスイッチを入れよう　五時間計画

下村健一／文　タケウマ／絵

ICT活用　調べ学習

準備物　特になし

## 指導計画

第一時　これまでのメディアとの関わりについて話し合う。学習課題を知る。範読を聞く。
第二時　音読をする。意味調べをする。
第三時　様々なメディアについて考える。（シート①）
第四時　文章構成を考え、内容を読み取る。（シート②）
第五時　これからメディアとどのように関わっていくのか考える。（シート③）

## 各時間の指導略案（主な指示・発問・説明）

**第三時**

(1) シート①を配布する。
(2)「次のメディアのプラス面、マイナス面を考えて、書きなさい。」
(3)「グラフから読み取ったことと考えたことを書きなさい。」
(4)「インターネットの次に登場するメディアを考えて書きなさい。」

**第四時**

(1) シート②を配布する。
(2)「全部で何段落ですか。」
(3)「『大きく三つのまとまり』に分けなさい。」
(4)「三つの事例に対する筆者の意見を表にまとめなさい。」
(5)「複数の事例を挙げる効果を書きなさい。」
(6)「三つの事例の中で、一番納得、共感できる事例を理由とともに書きなさい。」

**第五時**

(1) シート③を配布する。
(2)「想像力のスイッチとはどのようなものですか。各段落から探して書きなさい。」
(3)「筆者は、なぜ『想像力のスイッチ』という言葉を使ったのでしょうか。」
(4)「あなたは、これからどのようにメディアと関わっていくべきですか。」
(5)「○○力という言葉を作り、意見を書きなさい。」

## 「解答モデル（解答例）」

**シート①**

(1) 新聞
【プラス面】好きな時間に自分のペースで読むことができる。
【マイナス面】情報の伝わり方がおそくなる。
テレビ
【プラス面】分かりやすく印象深く伝えることができる。
【マイナス面】しちょう者に与えるえいきょうが大きい。
ラジオ
【プラス面】広いはん囲に伝えられる。
【マイナス面】音声だけのためイメージが伝わりにくい。
インターネット
【プラス面】またたく間に世界中の情報を発信、受信できる。
【マイナス面】情報を判断する能力が求められる。

(2)【読み取ったこと】インターネットはどの年代の人でも利用されている。など
【考えたこと】2017年～2019年の二年間で8％使用率が上がっているということは、きっかけとなることがあったのだろうと考えた。など

(3) AIを活用したメディア。3Dなどが活用され、人が必要な情報をAIが判断し、検索等をしなくても、受信できるようになる。

**シート②**

(1) 十六段落
(2) 1…①～⑥　2…⑦～⑭　3…⑮⑯
(3) 事例1…同じ出来事でも、何を大事に思うかによって、発信する内容がずいぶんちがってくる。
事例2…思いこみを減らすため、頭の中で「想像力のスイッチ」を入れてみることが大切なのである。

事例3…メディアが伝えたことについて冷静に見直すだけでなく、伝えていないことについても想像力を働かせることが大切。
(4) 読み手に分かりやすく伝えるため。筆者の意見に説得力をもたせるため。など
(5) 私が一番納得できる事例は、図形の見方の事例だ。なぜなら、私も図を見たときに丸の半分、四角の半分だとすぐに考えてしまったからである。

解答編に続く

**ICT活用**

シート③で調べ学習を行う。「○○力」という言葉を検索する。

# 想像力のスイッチを入れよう①

名前（　　　　　　）

## さまざまな「メディア」について考えましょう。

(1) 次のメディアについて、他のメディアと比べ（新聞は、テレビ、ラジオ、インターネットと比べて）プラス面、マイナス面を考え、表にまとめましょう。

| メディア | プラス面 | マイナス面 |
|---|---|---|
| 新聞 | | |
| テレビ | | |
| ラジオ | | |
| インターネット | | |

(2) 次のグラフについて考えましょう。

1 読み取ったことを、か条書きしましょう。

2 グラフから考えたことを、書きましょう。

インターネット使用率の推移　2019年総務省

| 年 | 2009 | 2011 | 2013 | 2015 | 2017 | 2019 |
|---|---|---|---|---|---|---|
| 使用率 | 78.0% | 79.1% | 82.8% | 83.0% | 80.9% | 89.8% |

インターネット年代別使用率　2019年総務省

| 歳 | 6~12 | 13~19 | 20~29 | 30~39 | 40~49 | 50~59 | 60~69 | 70~79 | 80~ |
|---|---|---|---|---|---|---|---|---|---|
| 使用率 | 80.2% | 98.4% | 99.1% | 99.0% | 98.3% | 97.7% | 90.5% | 74.2% | 57.5% |

読み取ったこと

考えたこと

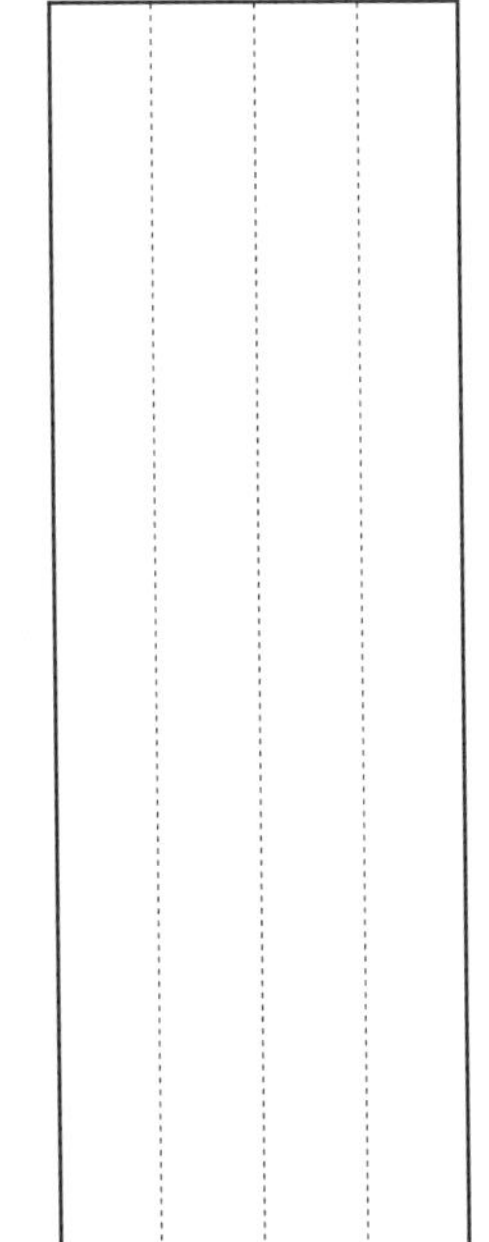

(3) インターネットの次はどんなメディアが登場すると考えますか。その特ちょうもふまえて、書きましょう。

# 想像力のスイッチを入れよう②

名前（　　　　　）

## 文章構成を考え、書かれている内容を読み取りましょう。

(1) 『想像力のスイッチを入れよう』は全部で何段落ですか。

（　　）段落

(2) 『想像力のスイッチを入れよう』を、「大きく三つのまとまり」に分けましょう。表に段落番号を書きましょう。

| | 段落 |
|---|---|
| 1 | |
| 2 | |
| 3 | |

(3) 筆者は三つの事例を挙げています。それぞれの事例に対する筆者の意見を表にまとめましょう。

| | 事例 | 筆者の意見 |
|---|---|---|
| 事例1 | マラソン大会の例 | |
| 事例2 | 図形の見方の例 | |
| 事例3 | サッカーチーム監督に関する報道の例 | |

(4) 筆者はなぜ複数の事例を挙げて説明をしているのでしょうか。複数の事例を挙げる効果を、か条書きしましょう。

(5) 筆者が挙げた三つの事例の中で、あなたがいちばん納得、もしくは共感できる事例を、理由とともに、〈例〉を参考に書きましょう。

〈例〉私がいちばん（納得／共感）できる事例は、～だ。なぜなら、～だ。

# 想像力のスイッチを入れよう③

名前（　　　　）

## これから、メディアとどのように関わっていくべきか考えましょう。

(1) 「想像力のスイッチ」とは、どのようなものでしょうか。各段落(だん)からさがし、書きましょう。うすい文字は、なぞりましょう。

| 8 | 9 | 11 | 12 |
|---|---|---|---|
| 『まだ分からないよね。』と考える習慣をつけること。 | | | |

(2) 筆者は、なぜ「想像力のスイッチ」という表現を使ったのでしょうか。

(3) あなたは、これからメディアとどのように関わっていくべきだと考えますか。〈例〉を参考に書きましょう。

〈例〉筆者は『想像力のスイッチを入れよう』の中で〜と主張している。わたしは、これからメディアとの関わり方について、〜が大切なのではないかと考えた。なぜなら、〜からだ。〜（まとめの一文を書く）。

(4) 「〇〇力」という言葉をインターネットで調べましょう。調べたものの中から「〇〇力のスイッチ」という言葉を作り、どのような場面でそのスイッチを入れるのか書きましょう。

〈例〉「集中力のスイッチ」「団結力のスイッチ」

〇〇力のスイッチ

どのような場面でそのスイッチを入れるのか

# 時計の時間と心の時間　六時間計画

一川　誠／文　タラジロウ／絵

ICT活用
調べ学習

準備物
特になし

## 指導計画

第一時　題名から考えたことを発表する。学習課題を知る。範読を聞く。
第二時　音読をする。考えたことを書く。（シート①）
第三時　文章構成を考え、筆者の主張を読み取る。（シート②）
第四時　事例を読み取る。（シート③）
第五時　事例に対する考えを書く。（シート④）
第六時　筆者の主張に対する自分の考えを書く。（シート⑤）

## 各時間の指導略案（主な指示・発問・説明）

### 第二時

(1)シート①を配布する。
(2)「『時計の時間』と『心の時間』の違いを書きなさい。」
(3)「読んだ感想を、三つの観点で書きなさい。」
(4)「時間に対する経験を思い出して書きなさい。」

### 第三時

(1)シート②を配布する。
(2)「言葉の意味調べをしなさい。」
(3)「主張が書かれている段落、事例が書かれている段落に分けなさい。」
(4)「第一段落、第八段落から筆者の主張を書き抜きなさい。」

### 第四時

(1)シート③を配布する。
(2)「時計の時間、心の時間とは、どんな時間ですか。」
(3)「第三段落から第六段落に書かれている内容をまとめなさい。」
(4)「第七段落に書かれている筆者の考えを書きなさい。」

### 第五時

(1)シート④を配布する。
(2)「筆者が挙げている事例に対して、納得できるか、できないか、理由もふまえて書きなさい。」
(3)「筆者が複数の事例を挙げて説明をしている意図を考え、書きなさい。」

## 「解答モデル（解答例）」

### シート①

(1)私は、「時計の時間」は目に見えるものだが、「心の時間」は目に見えないものだと考える。
(2)おもしろい…円の数が多いほど、表示時間が長く感じること。
不思議…人によって「心の時間」の進み方がちがうこと。
疑問…なぜ「心の時間」は人によって全然ちがっているのか。
(3)「時間がたっていた」と感じた経験…学校から帰ってゲームをしていたら、いつの間にか窓の外が暗くなっていた。
「時間がたっていない」と感じた経験…電車が来るのを待っている時、することがなくて時間が長く感じた。

「感じ方のちがいが生まれた理由」…何かに集中しているときは時間のことを考えていないから、あっという間に時間がたつのだと考える。

### シート②

(1)略
(2)第一段落…主張
第三～六段落…事例
第八段落…主張
(3)（第一段落）
・そんな身近な存在である「時間」ですが、実は、「時計の時間」と「心の時間」という、性質のちがう二つの時間があり、私たちはそれらと共に生きているのです。
・そして、私は、「心の時間」に目を向けることが、時間と付き合っていくうえで、とても重要であると考えています。
(4)（第八段落）
・そんな私たちに必要なのは、「心の時間」を頭に入れて、「時計の時間」を道具として使うという、「時間」と付き合うちえなのです。

解答編に続く

### ICT活用

シート⑤で調べ学習をする。また、考えを共有するために、シート④の表をスキャンして、パワーポイントやグーグルスライド等に貼り付け、そこに意見を書き込ませるという指導法がある。また、シート⑤の(2)の課題は共有したドキュメント等に書かせて、意見を共有させてもよい。

# 時計の時間と心の時間①

名前（　　　　）

『時計の時間と心の時間』を読み、考えたことを書きましょう。

(1) 「時計の時間」と「心の時間」には、どんなちがいがあると考えますか。〈例〉を参考に書きましょう。

〈例〉私は、「時計の時間」は〜だが、「心の時間」は〜だと考える。

(2) 『時計の時間と心の時間』を読み、「おもしろいと思ったこと」「不思議だと思ったこと」「疑問に思ったこと」を、それぞれ書きましょう。

| おもしろい | |
|---|---|
| 不思議 | |
| 疑問 | |

(3) あなたが「え、もうこんなに時間がたっていたの」「まだ、これしか時間がたっていないの」と感じた体験を書きましょう。また、なぜそのようなちがいが生まれたのか、理由を考えて書きましょう。

「え、もうこんなに時間がたっていたの」と感じた体験

「まだ、これしか時間がたっていないの」と感じた体験

「感じ方のちがいが生まれた理由」

# 時計の時間と心の時間②

名前（　　　　）

**文章構成を考え、筆者の主張を読み取りましょう。**

(1) 言葉の意味調べをしましょう。

| 言葉 | 意味 |
|---|---|
| | |
| | |
| | |
| | |
| | |

(2) 第一段落～第八段落で、筆者の主張が書かれている段落には「主張」、事例が書かれている段落には「事例」と書きましょう。うすい文字は、なぞりましょう。

| 段落 | 主張／事例 |
|---|---|
| 1 | |
| 2 | 時間の特性 |
| 3 | |
| 4 | |
| 5 | |
| 6 | |
| 7 | 「時計の時間」と「心の時間」のまとめ |
| 8 | |

(3)(4)では、まず（　）に作者の主張が書かれている段落番号を書きましょう。その後、段落の中から作者の主張を書きぬきましょう。

(3) 第（　　）段落から、筆者の主張を二文書きぬきましょう。

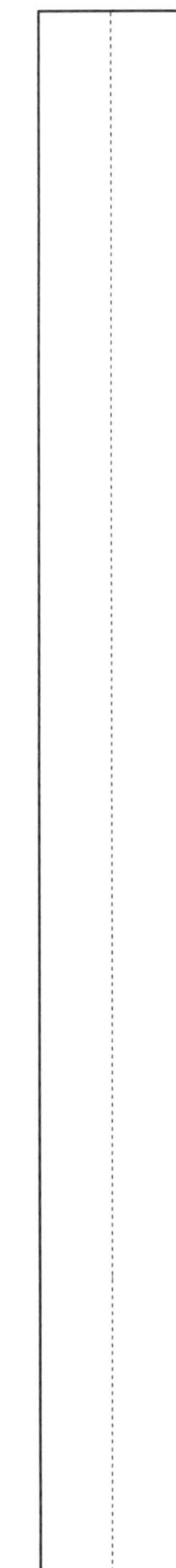

(4) 第（　　）段落から、筆者の主張を一文書きぬきましょう。

# 時計の時間と心の時間③

名前（　　　　）

**筆者が挙げている事例を、段落ごとに読み取りましょう。**

(1) 「時計の時間」と「心の時間」とは、どのような時間でしょうか。

「時計の時間」　時間。

「心の時間」　時間。

(2) 第三段落～第六段落で「何によって時間の感じ方がちがうのか」「どうちがってくるのか」を表にまとめましょう。うすい文字は、なぞりましょう。

| 段落 | 何によって、時間の感じ方がちがうのか | どうちがってくるのか |
|---|---|---|
| 3 | 行動 | ・楽しいことをしているとき。↓時間がたつのが速く感じる。 |
| 4 | | |
| 5 | | |
| 6 | | |

(3) 第三段落～第六段落の事例をうけて、第七段落で書かれている筆者の考えをまとめましょう。

1 「心の時間」とは、どのようなものですか。

2 「時計の時間」とは、どのようなものですか。

3 「時計の時間」と「心の時間」には、何が生まれますか。

# 時計の時間と心の時間④

名前（　　　　　）

**筆者が挙げている事例に対する自分の考えを書きましょう。**

(1) 筆者が挙げている事例に対して、納得できますか。もしくは疑問に思いますか。どちらかを書きましょう。また、そう考えた理由も書きましょう。

| 段落 | 何によって、時間の感じ方がちがうのか | 納得<br>疑問 | 理由 |
| --- | --- | --- | --- |
| 3 | 行動 | | |
| 4 | | | |
| 5 | | | |
| 6 | | | |

(2) なぜ筆者は、「心の時間の特性」について、複数の事例を挙げて説明しているのでしょうか。その意図を考え、〈例〉を参考に書きましょう。

〈例〉私は、筆者が「心の時間の特性」について複数の事例を挙げて説明しているのは、～という意図があると考える。なぜなら、～だからだ。

# 時計の時間と心の時間⑤

名前（　　　　　）

**自身の経験をふり返り、筆者の主張に対する自分の考えを書きましょう。**

(1) 『時計の時間と心の時間』に書かれている筆者の主張のなかで、共感、納得ができる、もしくは疑問に思う文を書きましょう。

(2) 筆者の主張に関する自分の考えを、〈例〉を参考に文章にまとめましょう。

〈例〉私は、『時計の時間と心の時間』を読んで、〜（(1)で選んだ文を書く）という筆者の主張に（納得した。／共感した。／疑問に思った。）それは、〜という（経験がある／体験がある／話を聞いたことがあるなど）からだ。これから〜していきたい。

(3) 「楽しい時間はあっというまに過ぎる」のように、時間に関わる格言を三つ考えて書きましょう。

「格言」とは「人間の生き方について教訓となる言葉や短い文章」のことです。時間と上手に関わっていくうえで、何が大切なのかを考えてみましょう。

(4) 「ゾウの時間とねずみの時間は同じである」と主張している研究者がいます。この主張の根拠（こんきょ）は何か、話し合ってみましょう。
　また、『ゾウの時間ネズミの時間』という本についてインターネットで調べましょう。

# 『鳥獣戯画』を読む 日本文化を発信しよう

高畑　勲

十一時間計画

ICT活用
調べ学習

準備物
特になし

## 指導計画

第一時　学習課題を知る。範読を聞く。
第二時　音読をする。鳥獣戯画に描かれている絵について考える。（シート①）
第三時　文章構成を考え、筆者の主張を読み取る。（シート②）
第四時　評価を読み取り、筆者の工夫を考える。（シート③）
第五時　オリジナルの漫画を描く。（シート④）
第六時　筆者の主張に対する自分の考えを書く。（シート⑤）
第七時　日本文化について調べる。
第八時　構成を決める。（シート①）
第九、十時　パンフレット作りをする。
第十一時　発表会をする。

### 各時間の指導略案（主な指示・発問・説明）

**第三時**

(1) シート②を配布する。
(2)「絵の中でどの部分を取り上げ、記述しているのか書き込みなさい。」
(3)「第九段落から筆者の主張を書きなさい。」
(4)「筆者の主張の根拠を書きなさい。」

**第四時**

(1) シート③を配布する。
(2)「絵と絵巻物に関する筆者の評価を書きなさい。」
(3)「筆者が自分の考えを伝えるためにしている工夫について考え、設問に答えなさい。」
(4)「パンフレットづくりで活用したい工夫を書きなさい。」

**第五時**

(1) シート④を配布する。
(2)「鳥獣戯画について興味のあることを一つ決め、インターネットで調べなさい。」
(3)「鳥獣戯画に出てくる動物を調べなさい。」
(4)「面白い組み合わせを考えて書きなさい。」
(5)「相撲を取らせたらどうなるか、四コマ漫画で描きなさい。」

### 「解答モデル（解答例）」

『鳥獣戯画』を読む

**シート①**

(1) 線のみで描かれている。大きさがちがうはずの兎と蛙が相撲をとっている。
(2) 設定が現実にはありえないものだから。遊び心があって、見ていてワクワクするから。
(3) 漫画…コマ割りをする。紙芝居…絵をさっと引きぬく。絵巻物…長い紙に絵を連続して描く。
(4) 略

**シート②**

(1)

(2) 第九段落
(3)『鳥獣戯画』は、だから、国宝であるだけでなく、人類の宝なのだ。

解答編に続く

**ICT活用**

シート⑤で調べ学習をする。また、シート①で割付を考える際にグーグルジャムボードなどが活用できる。シート①は教科書と同様に、紙でパンフレット作りをすることにしているが、パワーポイントやグーグルスライドでまとめることもできる。調べ学習と同時に進めていくことができるため、時短にもなる。

# 『鳥獣戯画』を読む①

名前（　　　　）

**『鳥獣戯画』に描かれている絵について考えましょう。**

(1) 『鳥獣戯画』は「漫画の祖」といわれています。その理由に、筆者は何を挙げていますか。

(2) 筆者にプラスする、あなたが考える理由を書きましょう。

(3) 時間を前へと進めながら、お話を語っていくために、「漫画」「紙芝居」「アニメ」ではどんな手法をとっていますか。

| 漫画 |
| --- |
| 紙芝居 |
| 絵巻物 |

(4) 二枚の絵に、話が続くように「せりふ」を書き入れましょう。また、色をぬりましょう。

# 『鳥獣戯画』を読む②

名前（　　　）

**筆者が絵のどの部分に着目しているのか読み取りましょう。また、筆者の主張を読み取りましょう。**

(1) 筆者は絵の中でどの部分を取り上げ、記述しているのか、〈例〉を参考に書き込みましょう。

(2) 筆者の主張が書かれているのは第何段落ですか。

第（　　）段落

(3) (2)で答えた段落から、筆者の主張を書きぬきましょう。

(4) 筆者の主張の根拠（こんきょ）を、第九段落の言葉や文を使って、百字程度で書きましょう。

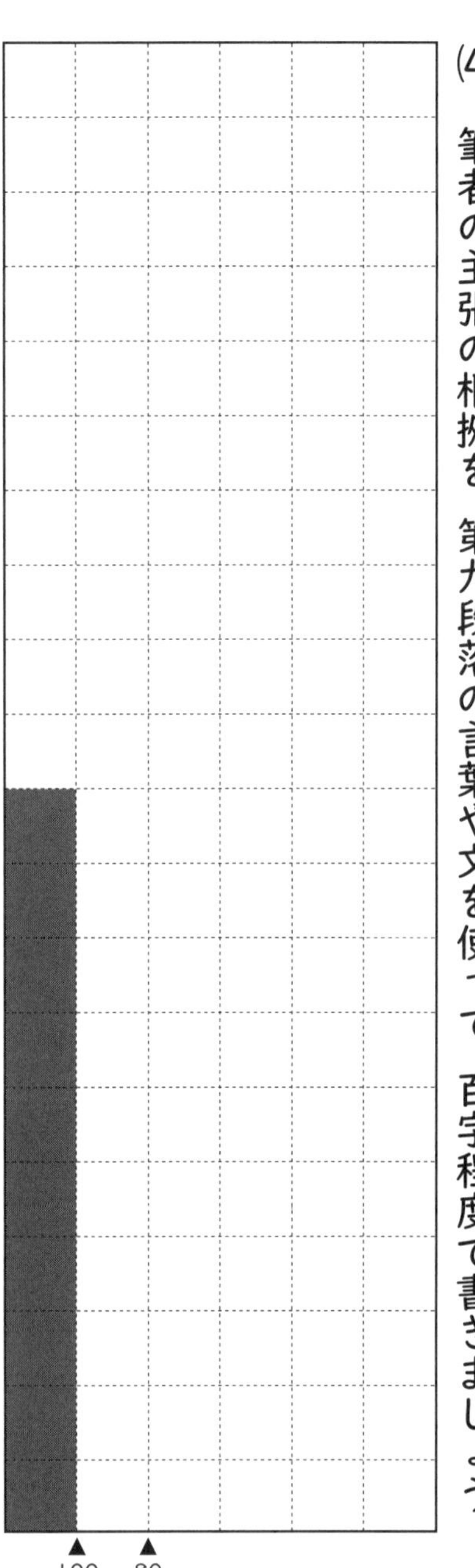

# 『鳥獣戯画』を読む③

名前（　　　　　）

**絵と絵巻物に対する筆者の評価を読み取り、筆者の工夫を考えましょう。**

(1) 絵と絵巻物に対する筆者の評価を書きぬきましょう。

「絵」（　　　　　　　　　　）。

「絵巻物」（　　　　　　　　　　）。

絵に対する評価は、第二段落から。絵巻物に対する評価は第九段落から。それぞれ、十六字、十八字で書きぬきましょう。

(2) 筆者が自分の見解を伝えるためにしている工夫（くふう）について考えましょう。

□1 第一段落から工夫を探し、か条書きしましょう。

〈例〉一文を短くして、リズムの良い文章にしている。

・

・

・

・

□2 第一段落から第九段落の中で工夫を考え、表にまとめましょう。

論の展開では、段落構成や価値の解説の仕方。表現の工夫では、書き出しや体言止めによる工夫。絵の示し方は、絵の出し方などについて考えよう。

| 内容 | 工夫 |
|---|---|
| 論の展開 | |
| 表現の工夫 | |
| 絵の示し方 | |

(3) パンフレットづくりをするときに、活用したい工夫を書きましょう。

# 『鳥獣戯画』を読む④

名前（　　　　　　　　）

**『鳥獣戯画』について調べたり、オリジナルの漫画を描いたりしましょう。**

(1) 『鳥獣人物戯画』に関わる次のテーマのうち、興味のあるものを選び、インターネットで調べましょう。

・「戯画」の意味
・日本固有種の蛙や兎
・いなばの白兎の話
・平安時代に描（か）かれた絵巻
・蛙と兎の実際の大きさ
・兎や蛙との日本人との関わり（歴史）
・蛙や兎が出てくる昔話

(2) 『鳥獣人物戯画』には、蛙や兎のほかにどのような動物が出てくるでしょうか。インターネットで調べましょう。また、その中から一つ選んで、描き写しましょう。

登場人物

登場人物を描き写そう

(3) この作品の主人公は蛙と兎という不思議な組み合わせですが、あなたが「こんなのありえない」というおもしろい組み合わせで相撲（すもう）をとらせたいのは、何と何ですか。

と

(4) (2)で考えた組み合わせで相撲をとったらどうなるでしょう。四コマ漫画にしてみましょう。

# 日本文化を発信しよう①

名前（　　　　）

## 割付（わりつけ）を決めて、書く内容を決めましょう。

(1) ①〜④には何が入りますか。「見出し」「リード文」「小見出し」「写真／図解」から選んで書きましょう。

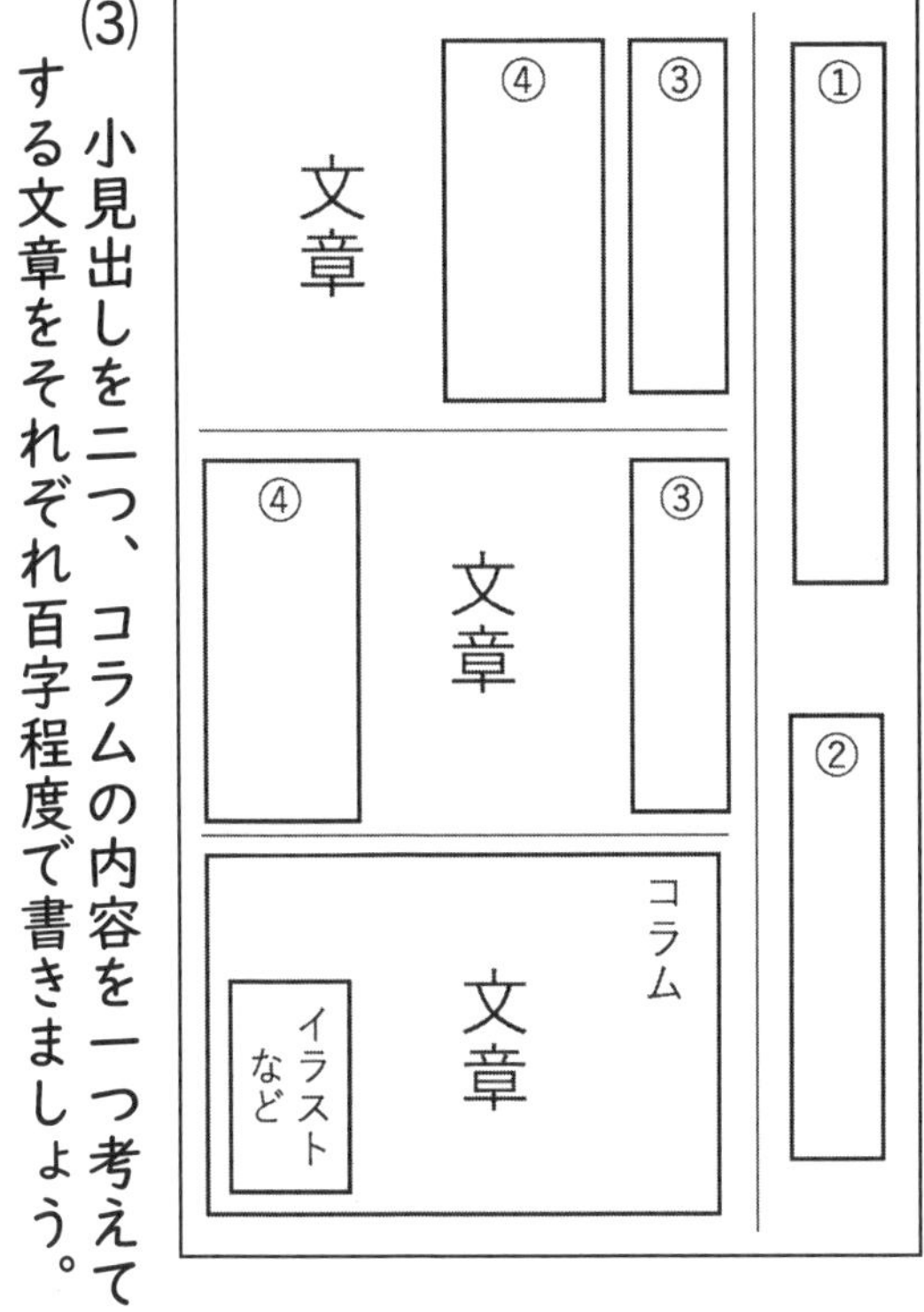


(2) 「見出し」を十字程度、「リード文」を六十字程度で書きましょう。

見出し

10

リード文

15

60

(3) 小見出しを二つ、コラムの内容を一つ考えて、説明する文章をそれぞれ百字程度で書きましょう。

リード文とは、ページの導入文です。このページで何を伝えたいのか、短く書きましょう。

見出し

小見出し

112

96

小見出し

コラムの内容

〈6年〉

# メディアと人間社会
# 大切な人と深くつながるために 六時間計画

池上 彰 鴻上尚史 ナツコムーン／絵

ICT活用 調べ学習

準備物 特になし

## 指導計画

第一時 学習課題を知る。範読を聞く。意味調べをする。

第二時 『メディアと人間社会』の主張を読み取る。（シート①）

第三時 各段落の事例を読み取る。（シート②）

第四時 『大切な人と深くつながるために』の主張を読み取る。（シート①）

第五時 各段落の内容を短くまとめる。（シート②）

第六時 二つの文章を読み比べる。（シート③）

## 各時間の指導略案（主な指示・発問・説明）

**第二時**

(1) シート①を配布する。

(2)「池上彰氏について調べなさい。」

(3)「メディアの意味を調べなさい。」

(4)「筆者はメディアをどのように説明しているでしょうか。」

(5)「各段落の内容を主張と事例に分けなさい。」

(6)「文章構成は三つの中でどれでしょうか。」

(7)「筆者の主張を百字程度で書きなさい。」

**第三時**

(1) シート②を配布する。

(2)「各段落の内容を表にまとめなさい。」

(3)「公共性の高いメディアとそうでないメディアの違いを書きなさい。」

(4)「メディアがなかったら、情報はどのようにして手に入れるのでしょうか。」

**第四時**

(1) シート①を配布する。

(2)「鴻上尚史氏について調べなさい。」

(3)「読んで感じたことなどを箇条書きしなさい。」

(4)「全部で何段落でしょうか。」

(5)「読み手に伝えたいことが書いてあるのは何段落ですか。」

(6)「筆者が読み手に伝えたいことを、百字程度でまとめなさい。」

## 「解答モデル（解答例）」

**メディアと人間社会**

**シート①**

(1) 日本のジャーナリスト
元NHK記者
多数のテレビ番組でニュース解説をしているなど

(2) 情報伝達を媒介する手段、情報伝達の媒介者

(3) 情報を伝えるための手段

(4) 1段落…主張
2～5段落…事例
6段落…主張

(5) 双括型

(6) 私たち人間がもつ欲求と、メディアにどんなことを求めているのかを意識してメディアと付き合っていくことが、どんなメディアが登場しても重要なことである。

**シート②**

(1)

| 段落 | 事例 | どのような要求に応えるものか | メディアのえいきょう |
|---|---|---|---|
| 3 | 電波を使った通信（ラジオ放送） | 情報を早く伝えたいという思い。 | 大きな力をもつようになった。メディアが社会を混乱させてしまうほどにえいきょう力をもった。 |
| 4 | テレビ放送 | 情報をありありと伝えたい、理解したいという思い。 | さらに大きなものになった。 |
| 5 | インターネット | 情報を広く発信したいという思い。 | 誤った情報により、社会が混乱することも起こっている。 |

(2) 公共性の高いメディアは信頼性が高いが、SNSで取り上げられる情報は誤った情報がまぎれこんでいる可能性がある。など

(3) 人に聞く。実際に足を運んで見に行く。自分で調べる。など

解答編に続く

**ICT活用**

池上彰氏、鴻上尚史氏について調べ学習をする。

また最後のシートはAIについて取り上げているので、事前に調べさせるとよい。時間に余裕があれば、「ラジオの歴史」「テレビの歴史」などについて調べさせると、それらがどのように進化してきたのかイメージをもたせることができる。

# メディアと人間社会①

名前（　　　　　）

## 文章構成を考え、筆者の主張を読み取りましょう。

(1) 池上彰氏について調べたことを、か条書きしましょう。

(2) 「メディア」の意味を辞書やインターネットなどで調べましょう。

(3) 筆者は「メディア」をどのように説明していますか。十一字で書きぬきましょう。

(4) 第一段落～第六段落で、筆者の主張が書かれている段落には「主張」と、事例が書かれている段落には「事例」と書きましょう。

| 段落 | 主張／事例 |
|---|---|
| 1 | |
| 2 | |
| 3 | |
| 4 | |
| 5 | |
| 6 | |

筆者の主張（考え）が、最初に書かれている文章は「頭括型」、最後に書かれている文章は「尾括型」、最初と最後に書かれている文章は「双括型」の文章といわれます。

(5) 『メディアと人間社会』は「頭括型」「尾括型」「双括型」の中で、どの文章構成でしょうか。

(6) 『メディアと人間社会』における筆者の主張を百字程度で書きましょう。

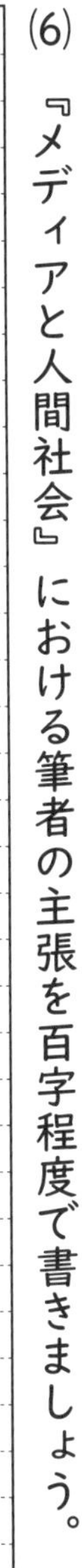

▶105

# メディアと人間社会②

名前（　　　　　　）

**各段落で取り上げられている事例を読み取りましょう。また、課題に対する自分の考えを書き、意見を交流しましょう。**

(1) 第二段落～第五段落で、事例として挙げられているのは何ですか。また、それはどのような欲求に応えたもので、メディアはどのようなえいきょうをもちましたか。表にまとめましょう。うすい文字は、なぞりましょう。

| 段落 | 事例 | どのような欲求に応えるものか | メディアのえいきょう |
| --- | --- | --- | --- |
| 2 | 文字 | 遠くの相手と思いや考えを伝え合いたいという欲求。 | |
| 3 | | | |
| 4 | | | |
| 5 | | | |

(2) テレビ、ラジオ、新聞など公共性の高いメディアで取り上げられる情報と、SNSなどで取り上げられる情報とでは、どのようにちがうでしょうか。

(3) 「メディア」がなかったら、情報をどうやって手に入れるのでしょうか。予想して書きましょう。

テレビ、ラジオ、インターネットなどのメディアがなかったら、情報を手に入れるのは大変難しいことなのかもしれませんね。

# 大切な人と深くつながるために①

名前（　　　　）

## 筆者の主張を読み取りましょう。

(1) 鴻上尚史（こうかみしょうじ）氏について調べたことを、か条書きしましょう。

(2) 『大切な人と深くつながるために』を読んで、感じたことや考えたことをか条書きしましょう。

(3) 『大切な人と深くつながるために』は、全部で何段落でしょうか。

（　　）段落

(4) 筆者が、読み手にいちばん伝えたいことが書かれているのは第何段落でしょうか。

第（　　）段落

(5) 筆者が、読み手に伝えたいことを、百字程度でまとめましょう。

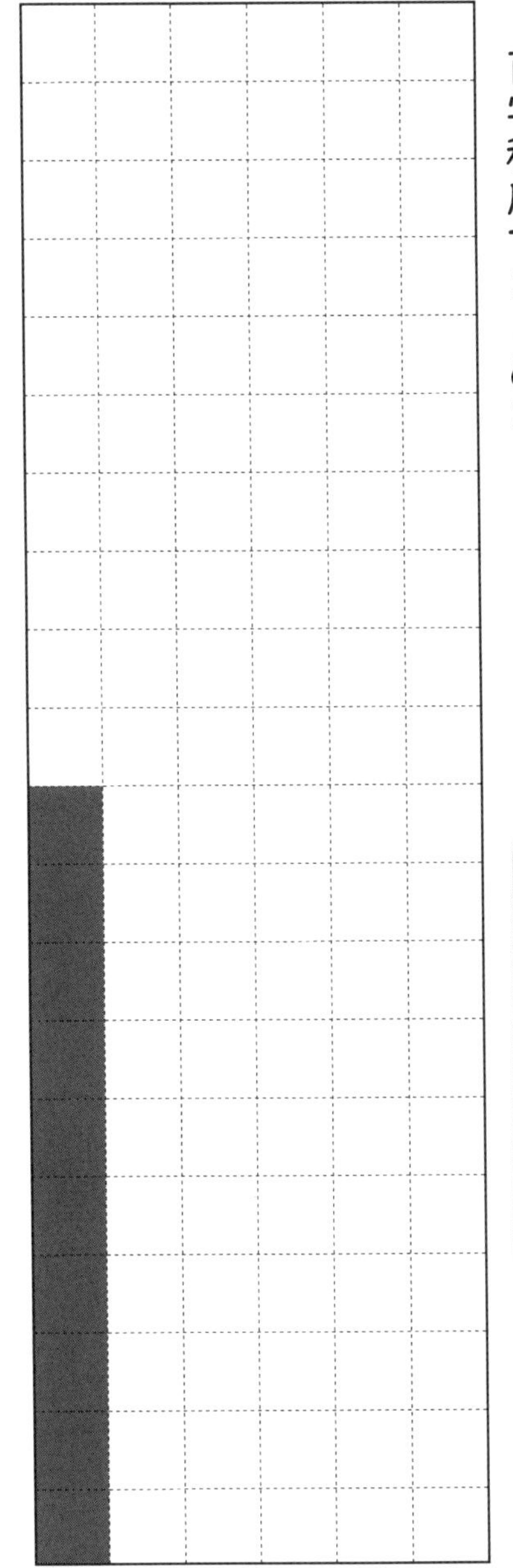

## たんぽぽの　ちえ

シート④

(1) 1このころになると

ちえ…たおれていた花のじくが、またおき上がります。そうして、せのびをするように、ぐんぐんのびていきます。

わけ…せいを高くするほうが、わた毛に風がよくあたって、たねをとおくまでとばすことができるからです。

2よく晴れて、風のある日には

ちえ…わた毛のらっかさんは、いっぱいにひらいて、とおくまでとんでいきます。

3しめり気の多い日や、雨ふりの日には

ちえ…わた毛のらっかさんは、すぼんでしまいます。

わけ…わた毛がしめって、おもくなると、たねをとおくまでとばすことができないからです。

シート⑤略

## どうぶつ園のじゅうい

シート③

(1)

| いつ | しごと | しごとをしたわけ | しごとをするときのくふう |
|---|---|---|---|
| お昼すぎ | ワラビーのはぐきのちりょうをした。 | はぐきがはれているワラビーが見つかったので、きょう、ちりょうをすることになっていたから。 | 三人のしいくいんさんにおさえてもらって、ちりょうをした。 |
| 夕方 | ペンギンにボールペンをはかせた。 | しいくいんさんから、ペンギンがボールペンをのみこんでしまったという電話がかかってきたから。 | 大いそぎでくすりをのませてはかせた。 |
| 一日のしごとのおわり | 日記を書いた。 | つぎに同じようなびょうきやけががあったとき、よりよいちりょうをすることができるから。 | 毎日きろくをする。 |
| どうぶつ園を出る前 | おふろに入った。 | どうぶつの体には人間のびょうきのもとになるものがついていることがあるので、それをどうぶつ園の外にもちださないようにするため。 | |

シート④

(1)

| 毎日すること | この日にだけしたこと |
|---|---|
| ・どうぶつ園の見回り<br>・日記を書く<br>・おふろに入る | ・いのししのおなかにきかいを当てる<br>・にほんざるにくすりをのませる<br>・ワラビーのはぐきのちりょう<br>・ペンギンがのみこんだボールペンをはかせる |

(2) 略

シート⑤

(1) 略

(2) どうぶつにえさをあげる。そうじをする。ショーのくんれんをする。など

## 食べ物のひみつを教えます

シート①

(1)（例）いも

(2) ゆでる　ゆでいも
あげる　ポテトチップス
大切なえいようを取り出す　かたくりこ
つぶす　マッシュポテト　など

(3)（例）ゆでる　あげる　大切なえいようを取り出す

シート②略

## アップとルーズで伝える

シート③続き

(2) アップ…ある部分を大きくうつすとり方
ルーズ…広いはんいをうつすとり方

(3)

| | アップでとった写真（第四段落） | ルーズでとった写真（第五段落） |
|---|---|---|
| 写真にうつっていること | ゴールを決めた選手が両手を広げて走っている。ひたいにあせを光らせ、口を大きく開けて、全身でよろこびを表しながら走る選手の様子。 | 勝ったチームのおうえん席。あちこちでふられる旗、たれまく、立ち上がっている観客と、それに向かって手をあげる選手たち。選手とおうえんした人が一体となって、しょうりをよろこび合う様子。 |
| 写真から分かること | 細かい部分の様子。 | 広いはんいの様子。 |
| 写真から分からないこと | ゴールを決められたチームの選手の様子。それぞれのおうえん席の様子。 | それぞれの選手の顔つきや視線、それから感じられる気持ち。 |

シート④略

シート⑤

(1) 筆者は伝えたいことに合わせて、アップとルーズを選んだり、組み合わせたりする必要があると考えており、それを意識することで、伝えたいことをより分かりやすく受け手にどけることができるはずであると考えている。

(2) 1
・学級新聞を作る。
・おもしろかったニュースやテレビ番組について話す。

2略

## 世界にほこる和紙

シート③続き

(2) 和紙には、洋紙よりやぶれにくく、長持ちするというとくちょうがあり、何百年もの間、作品をそのまま保管し、人々に見せることができる。また、わたしたちは、和紙の風合いを美しいと感じ、気持ちを表す一つの方法として、和紙を選んで使ってきた。

このように、和紙のよさと、使う紙を選ぶ側の気持ちによって、長い間、和紙は作られ、さまざまなところで使われ続けてきた。世界にほこる和紙を、生活の中で使ってみませんか。

## 伝統工芸のよさを伝えよう

**シート①**

(1)・東京染小紋　・江戸押絵　・江戸切子　など

(2)（例）
調べるもの
・江戸切子
選んだ理由
・画ぞうを見て、とてもきれいだと思ったから。

(3)略

**シート②**

(1)（例）

| れきし |
| --- |
| 二百年近いれきしがある。 |
| 江戸時代から始まり、げんざいに続いている。 |

(2)略

| しょく人のぎじゅつ |
| --- |
| 光の当たる角度によって、さまざまにかがやく。 |
| ガラスのカットは、すべてしょく人の手作業。 |

## ウナギのなぞを追って

**シート③**

(1)（例）レプトセファルスの形や大きさ

(2)略

| ページ、行 | 内容 | 大事な言葉や文 |
| --- | --- | --- |
| 88ページ1行目～90ページ2行目 | ・生まれる場所。 | ・マリアナの海で生まれたウナギの赤ちゃんは、次第に成長しながら日本までやってくる。 |
| 90ページ4行目～92ページ4行目 | ・レプトセファルスの形。<br>・レプトセファルスの大きさ。 | ・とうめいで、やなぎの葉のような形。<br>・台湾近くの海でとれたのは、体長五十四ミリメートル。<br>・生後二十日では、体長が十ミリメートル前後。 |
| 92ページ5行目～95ページ8行目 | ・レプトセファルスの大きさ。<br>・たまごの大きさ。 | ・生後二日目、体長五ミリメートル。<br>・一・六ミリメートル。 |
| 95ページ10行目～最後 | | |

**シート④**

(1)マリアナの海……あざやかなぐんじょう色の海。
レプトセファルス……とうめいで、やなぎの葉のような形。
ウナギのたまご……にじ色にかがやいていた。

(2)色の表現をたくさん使っていると感じた。

(3)（例）レプトセファルスは何を食べているのか。

(4)マリンスノー（海洋表層の植物プランクトンや動物プランクトンの死骸が分解されてできる）を食べて育っているといわれている。

**シート⑤**略

## 言葉の意味が分かること

**シート③**

(1)

| 構成 | 落段 | 中のまとまり | 書かれている内容 | 大事な言葉や文 |
| --- | --- | --- | --- | --- |
| 初め | 1 | | 言葉の意味には広がりがあり、このことを知っておくことは、言葉を学ぶときに役立ち、ふだん使っている言葉やものの見方を見直すことにもつながる。 | ・言葉の意味<br>・広がり |
| 中 | 2　3　4 | 言葉の意味の広がり／小さな子どもに「コップ」の意味を教える事例 | 一つの言葉の意味には広がりがあり、その広がりは、他のものや他の似たものを指す言葉との関係で決まってくる。 | ・「コップ」の意味<br>・似たものを指す言葉 |
| 中 | 5　6　7 | 言葉の意味の広がり／言葉の言いまちがいの事例／小さな子どもの言いまちがい | 言葉の意味のはんいを広げて使いすぎたため、自分が覚えた言葉を、別の場面で使おうとしてうまくいかなかったと言える。 | ・意味のはんい<br>・言いまちがい |
| 中 | 8　9　10 | 言葉の意味の広がり／言葉の言いまちがいの事例／言語を学ぶ際の言いまちがい | 日本語と英語だけでなく、世界中のどの言語についてもちがいがあり、一つの言葉をどのはんいまで広げて使うかは、言語によってことなる。 | ・母国ではない言語<br>・言葉のはんい |
| 終わり | 11　12 | | 言葉の意味を面としてとらえることが大切になり、それは、ふだん使っている言葉や、ものの見方を見直すことにもつながる。 | ・言葉の意味の広がり<br>・言葉の意味を「面」として理解する<br>・言葉を見直す |

**シート④**

(1)略

(2)略

(3)筆者は、小さな子どもに「コップ」の意味を教えることや、言いまちがいを事例に挙げ、言葉のはんいを理解し、言語を学ぶときには、言葉の意味を「面」として理解することが大切であるということを伝えたかった。

(4)わたしは言葉の使い方において、変だなと感じたことがある。それは「たてる」という言葉だ。うちの母は、おふろを「たてて」と言うが、父はおふろを「わかして」と言う。わたしはその時、どちらが正しい使い方なのかと思った。筆者は「言葉の意味が分かること」において「世界中のどの言語についても同様のちがいがあります。」と主張している。私はこれから日本語でも地いきによってどんなちがいがあるのか学んでいきたい。

## シート⑤

(1)〈例〉カレーの意味のちがい
日本で「カレー」は「カレーライス」のカレーを意味するが、インドでは「スパイスを使った料理の総しょうで使われる。つまり、インドにおいて、「カレー」という料理はない。

(2) 略

# 固有種が教えてくれること

## シート②

(4)

| 段落 | 見出し | 書かれていること |
|---|---|---|
| 3 | 日本には固有種が多い | 日本とイギリスで、陸地にすむほ乳類を比べると、日本の方が種の数もそのうちの固有種の数も多い。 |
| 4 | 日本に固有種が多いわけ | 日本列島は大陸から切りはなされて島になった時期が、それぞれのちいきでことなる。 |
| 5 | 他のちいきと分断されることで固有種は生まれる | 他のちいきと分断されることで固有種が生まれ、本土には主に更新世中期のものが生き残り、固有種になっている。 |
| 6 | 北海道には固有種が少ない | 北海道が大陸とはなれていたのは、ひかく的新しい時代なので固有種が少ない。 |
| 7 | 固有種が、何万年も生き続けることができたわけ | 固有種が生き続けていくためには、ゆたかで多様な環境が保全される必要がある。 |
| 8 | 固有種の現状 | 森林のばっさいや外来種の侵入が進み、自然の作用ではなく、人間の活動によって、固有種が減ってきている。 |
| 9 | 固有種の保護 | 天然記念物に指定したり、絶滅危惧種などとランク分けしたりして保護したことが良い結果を生んでいる。 |
| 10 | 固有種の保護は、生息環境とのバランスが重要 | 固有種の保護は、生息環境とのバランスが重要である。 |

## シート③

(1)

| 資料 | 段落 | 読み取れること |
|---|---|---|
| 資料1 | 3 | 〈例〉日本とイギリスが同じように大陸に近い島国であること。ほ乳類の固有種は日本には多く、イギリスにはいないこと。 |
| 資料2図1 | 4 | 日本列島は、はるか昔、大陸と陸続きだったこと。 |
| 図2 | 5 | 西南諸島が更新世前期に大陸から切りはなされ島になったこと。アミノクロウサギが奄美大島と徳之島で固有種になったこと。 |
| 図3 | 5 | 更新世後期にはニホンザルなどが固有種になっていたこと。 |
| 図4 | 6 | 北海道は完新世に大陸とはなれたこと。 |
| 資料3 | 7 | 日本は気候的なちがいが大きいこと。 |
| 資料4 | 7 | 地形的に平地から山岳地帯まで変化に富んでいること。 |
| 資料5 | 8 | ニホンオオカミ、ニホンカワウソの姿。 |
| 資料6 | 10 | 天然林が減少していること。 |
| 資料7 | 10 | ニホンカモシカはちいきによってくじょされていること。 |

## シート⑤

(1) AとBのちがい
Aはたてじく（冊数）を100～600まで示されているのに対して、Bは420まで省略され、そこから520まで示されている。

(2) 統計資料を読むときに、気をつけること
グラフの差異だけで判断せず、たてじくや横じくが示すはんいを確かめてひかくしなければならない。

「みんながカードを持っているから買って」と頼んだ経験がある。その時に「みんなってだれ」と聞かれ「クラスの子」と答えたら、「じゃあクラスの子三十人全員が持っているのね」と言われ、何も言い返せなかった。

(3) 統計は示し方によって、受け手の印象をそうさすることができる。情報があふれる現代において、統計を見る目を養うために、多くの人が買い、本を読んでいるのではないかと考える。

# 想像力のスイッチを入れよう

## シート③

(1) 9『事実かな、印象かな。』と考えてみること。
11『他の見方もないかな。』と想像すること。
12『何がかくれているかな。』と想像すること。

(2) 情報に対する見方や考え方を切りかえようという意味で「想像力のスイッチ」という表現を使ったのだと考える。

(3) 筆者は『想像力のスイッチを入れよう』の中で「あたえられた小さいまどから小さい景色をながめるのではなく、自分の想像力でかべを破り、大きな景色をながめて判断できる人間になってほしい。」と主張している。わたしは、これからメディアとの関わり方について、情報が正しいのかどうか、冷静に判断することが大切なのではないかと考えた。なぜなら、そうすることで、自分にとってその情報が必要か不必要か、立ち止まって考えることができるからだ。これから、自分の判断を大切にして情報を得ていきたいと考える。

(4) 集中力のスイッチ
学習中、特に課題の提出期限が近付いている時。

# 時計の時間と心の時間

## シート③

(1)「時計の時間」…地球の動きをもとに定められた時間。
「心の時間」…私たちが体感している時間。

(2)

| 段落 | 何によって、時間の感じ方がちがうのか | どうちがってくるのか |
|---|---|---|
| 3 | 行動 | ・楽しいことをしているとき。↓時間がたつのが速く感じる。<br>・たいくつなとき。↓おそく感じる。 |
| 4 | 時間帯 | ・朝や夜。↓昼よりも時間が速くたつように感じる。 |
| 5 | かん境 | ・円の数が増える。↓長く映っていたように感じる。<br>・物が多い部屋。↓時間の進み方がおそく感じる。 |
| 6 | 感覚 | ・自分にとって心地よいテンポがある。<br>・心地よいテンポと異なるペースで作業を行う。↓ストレスを感じる。 |

(3) [1] 心や体の状態、身の回りのかん境などによって、進み方がちがってくるもの。
[2]「心の時間」のちがいをこえて、私たちが社会に関わることを可能にし、社会を成り立たせているもの。
[3] 必ずずれが生まれる。

**シート④**

(1)

| 段落 | 何によって、時間の感じ方がちがうのか | 納得 疑問 | 理由 |
|---|---|---|---|
| 3 | 行動 | 納得 | 好きなことをしているとあっという間に時間がたってしまうから。 |
| 4 | 時間帯 | 疑問 | 学校に行っている昼の方が時間が早くたつように感じるから |
| 5 | かん境 | 疑問 | 物が多い部屋でも時間の進み方が変わると感じたことがないから。 |
| 6 | 感覚 | 納得 | 家族みんなのペースがちがっていて、おどろいたことがあるから。 |

(2) 私は、筆者が「心の時間の特性」について複数の事例を挙げて説明しているのは、多くの人に心の時間について考えてもらいたい、という意図があると考える。なぜなら、人によって時間についての感じ方や経験がちがうから、さまざまな事例を挙げた方が分かりやすいからだ。

**シート⑤**

(1) （例）
納得…さまざまな事がらのえいきょうで、「心の時間」の進み方が変わると知っていれば、それを考えに入れて計画を立てられるでしょう。

(2) 私は、『時計の時間と心の時間』を読んで、「さまざまな事がらのえいきょうで、『心の時間』の進み方が変わると知っていれば、それを考えに入れて計画を立てられるでしょう。」という筆者の主張に納得した。それは、時間がないとあせって準備をしたら、出かけてからわすれ物に気づいてこまったという経験があるからだ。これからは、よゆうをもって準備をすることで、わすれ物をしないようにしていきたい。

(3) （例）時は買えない。時はもどせない。時間は有限。

(4) 『ゾウの時間ネズミの時間』（本の解説）
動物はその大きさによって寿命や俊敏さが違ってくる。しかし、哺乳類の心臓が拍動する数は、約二十億回、呼吸は五億回である。つまり、長生きするゾウの時間の流れはゆっくりで、短命のネズミの時間の流れは速いと考えられる。そう考えると、時計が動く時間は同じなのだから、その一生の価値は変わらないと考えられる。

## 『鳥獣戯画』を読む

**シート②の続き**

(4) 十二世紀という大昔に、まるで漫画やアニメのような楽しくモダンな絵巻物が生み出され、そのころの絵でこれほど自由闊達なものはどこにも見つかっていない。さらに、幾多の変転や火災のたびに救い出されてきたから。

**シート③**

(1) 「絵」…のびのびと見事な筆運び、その気品
「絵巻物」…なんとすてきでおどろくべきことだろう

(2) [1]
・せりふから始め、出だしの工夫をしている。
・わかりやすく絵の解説をしている。
・体言止めを使い、リズムを作っている。

[2]
（論の展開）

解説の後、三段落ずつ使って絵と絵巻物を解説している。

（表現の工夫）

読み手に話しかけるような文にしている。一文を短くしたり体言止めを使ったりして、文章にリズムを作っている。

（絵の示し方）

一気に提示せず、二つに分けて示している。

(3) （例）
・読み手に呼びかけるように書く。
・一文を短くして、読みやすくする。

**シート④**

(1) 略

(2) 猿、鹿、鳥、猪、狐、フクロウ、イタチ、ネズミ、猫、馬、牛、鷹、犬、鶏、ヒヨコ、ライオン、麒麟、龍、一角獣（架空の動物）

(3)
(4) 略

## 日本文化を発信しよう

**シート①**

(1) ①見出し
②リード文
③小見出し
④写真／図解

(2) （例）
見出し…和食を食べて健康に
リード文…伝統的な和食は、栄養バランスのよさが特長です。健康的な食生活のために、和食を取り入れてみてはどうですか。

(3) （例）
見出し…和食を食べて健康に
小見出し…一汁三菜をバランスよく
説明文…「一汁三菜」は、和食の伝統的なこんだてです。一汁三菜の組み合わせでこんだてを考えると、かたよりなく多様な食材がとれ、栄養バランスがよくなります。

＊以下、略

## 大切な人と深くつながるために

**シート①**

(1) 日本の劇作家・演出家
日本劇作家協会会長
テレビ、ラジオなどへも出演している　など

(2) ・コミュニケーションの技術は、大切な人とつながるために必要。

・人間は、直接のコミュニケーションが苦手になってきている。
・コミュニケーションの上達のためには、練習が必要。

(3)七段落
(4)第七段落
(5)自分の言いたいことを言い、本当にしたいことをしようと思ったら、あなたは人とぶつかる。そういうときがコミュニケーションの練習をしているときで、やればやるだけ上達する。そうして、大切な人と出会い、深くつながっていく。

シート②
(1)

| 1 | 2 | 3 | 4 | 5 | 6 |
|---|---|---|---|---|---|
| 人はだれかとぶつかったとき、相手と話し合い、コミュニケーションをとろうとする。 | 「コミュニケーションが得意」とは、相手ともめてしまったとき、なんとかやっていける能力があること。 | おたがいが少し不満だけど、解決を見いだせるのが、「コミュニケーションが得意」だということ。 | コミュニケーションの技術が上達すればするほど、大切な人とつながることができる。 | 何度もコミュニケーションをしていくと、話し方や断り方、アドバイスのしかた、要求のしかたが得意になる。 | インターネットが発達し、人と話す機会が減り、大人たちは、直接のコミュニケーションが苦手になっている。 |

(2)私は、筆者の考えに共感できない。なぜなら、今の時代に合ったコミュニケーションの方法があるからだ。昔から電話や手紙を使った直接に会わないコミュニケーションはあった。今はそれがインターネットの発達により、カメラごしのやりとりになっただけで、コミュニケーションが苦手になったと言い切ることはできない。よって私は、筆者の考えに共感できないのである。

**メディアと人間社会**
**大切な人と深くつながるために**

シート③
(1)

| | メディアと人間社会 | 大切な人と深くつながるために |
|---|---|---|
| 論の展開や構成の工夫 | 双括型で、最初と最後に筆者の考えが書かれている。 | 尾括型で、最後に筆者の考えが書かれている。 |
| 事例の挙げ方 | さまざまのメディアを挙げている。 | コミュニケーションにしぼっている。 |
| 表現の特ちょう | 読者にわかりやすく説明するように書かれている。 | 読者に問いかけ、会話をするように書かれている。 |
| 筆者の考え（主張） | 人間の持つ欲求とメディアに求めていることを意識し、メディアと付き合っていくことが重要である。 | 大切な人と出会い、深くつながっていくためにはコミュニケーションの練習をして、上達していくことが必要である。 |

(2)今後、インターネットはますます発達し、AIも進化していく。これにより、今まで得ることができなかった多くの情報にアクセスできるようになるというメリットがある。一方、多くの情報にふり回されて、自分が何を信じればよいのかが分からなくなってしまうというデメリットもある。ここから、私は「これからの社会でどう生きるのか」というテーマに対し「優先順位を決めることが大切」だと考えている。
なぜなら、多くの情報にふれるときには、自分がどんなことを必要としているかの優先順位を決めなければ、いくら時間があっても足りず、情報にふり回されることになってしまうからだ。今後、インターネットを使うときには、自分がどんな情報を探すのか目的をはっきりさせてから、時間を決めて使うようにしていきたい。

＊＊＊

参考文献

『「国語」授業の新法則』一年生〜六年生
向山洋一企画・総監修／学芸みらい社
『「国語」授業の腕が上がる新法則』
谷和樹監修　村野聡・長谷川博之・雨宮久・
田丸義明編集／学芸みらい社
『板書で見る全単元の授業のすべて』一年生〜六年生
中村和弘監修／東洋館出版社
『白石範孝の「教材研究」―教材分析と単元構想―』
白石範孝著／東洋館出版社
『小学校国語　説明文の授業技術大全』
二瓶弘行・青木伸生編著／明治図書

〈著者紹介〉

保坂雅幸（ほさか　まさゆき）

１９８０年　東京都生まれ
現在　武蔵野市立第一小学校　主幹教諭
ＴＯＳＳ立川教育サークル代表
ＴＯＳＳ青梅教育サークル所属


【著書】
光村教科書の時短授業が実現！　物語を楽しく深く読む！　新国語ワークシート27
―読解技法による文学の授業＝全学年・全単元収録―

【共編著】
新道徳授業が10倍イキイキ！対話型ワークシート題材70―全単元評価語一覧付き
村野　聡／保坂雅幸　学芸みらい社

解答モデル（解答例）執筆者
一年生〜三年生　保坂雅幸
四年生　田中悠貴
五年生　小島庸平
六年生　植木和樹


光村教科書の深読み授業が実現！
**国語〝説明文教材〟の新読解ワークシート26**
―コピーしてすぐ使える！全学年・全単元収録！―

二〇二二年四月一〇日　初版発行
二〇二二年九月三〇日　第二版発行
二〇二三年五月三〇日　第三版発行

著　者　保坂雅幸
発行者　小島直人
発行所　株式会社　学芸みらい社
〒一六二-〇八三三
東京都新宿区箪笥町三一番　箪笥町ＳＫビル３Ｆ
電話　：〇三-五二二七-一二六六
HP　：https://www.gakugeimirai.jp
E-mail：info@gakugeimirai.jp
印刷所・製本所　シナノ印刷株式会社
企画　樋口雅子
装丁・本文組版　小沼孝至




ISBN978-4-909783-96-7 C3037